建築のスケール感

住宅設計のプロが
必ず身につける

JN155888

中山繁信
傳田剛史
片岡菜苗子 共著

Ohmsha

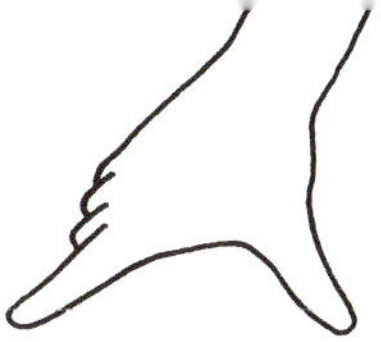

はじめに

建築を学んでいる若い人たちは、いつかは自分で建物を設計したいと思っているに違いありません。住宅でも大きな美術館でも、基本的には「人間を入れる器」ですから、私たちの身体を基本に設計しなければなりません。部屋が小さかったり狭すぎては通ることも使うこともできないでしょうし、逆にむやみに広すぎても、経済的にもエネルギー的にも無駄になってしまうことも少なくないでしょう。

私たちの身体に合った空間、すなわちヒューマンスケールといわれる空間は、機能的で居心地のよい空間を指します。いいかえれば、適切なスケールや寸法を正しく理解していなければ、ヒューマンスケールの建築を設計することはできません。

この本は空間や物の大きさを観念的に数字で覚えるよりも、自分自身の身体を「ものさし」にして、空間や身近な物の大きさを考えることによって、建築の設計に不可欠なスケール感を養っていただきたいという願いで記しました。

中山 繁信

建築のスケール感 CONTENTS

住宅設計のプロが必ず身につける

01 身体尺って何だろう？

02 あなたは自分の身体尺を知っていますか？

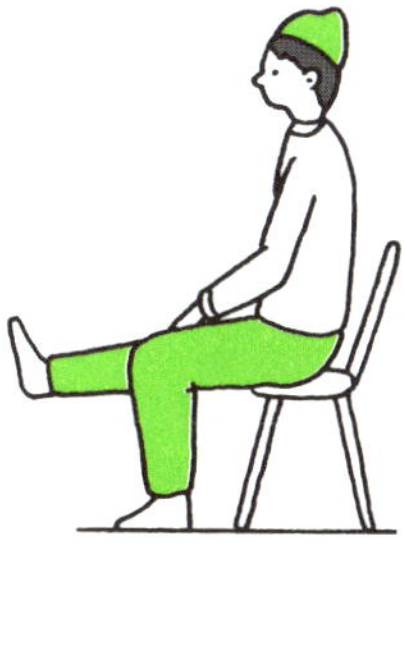

03 和室はスケール感の源!?

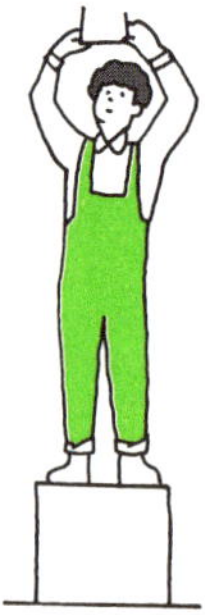

04 空間熟語を駆使して住宅を設計する

01 身体尺って何だろう？

01 ものさし代わりの身体尺 ❶指と寸

指と寸

人間は四足歩行から二足歩行となり両手が自由に使えるようになりました。原始時代では狩猟のために弓矢や槍などの道具を扱うようになり、物をつくるように変化していきました。

　人間の身体は「ものさし」といわれるほど、身近な物の長さや距離を測る測定道具の代わりとして、手や足、肘の長さや両手を広げた長さなど、身体のあらゆる部分を使って計測するようになりました。

　身体の中の小さな単位の一つとして「手の指」があります。親指の幅、もしくは人差し指を鍵状に曲げた第二間接を「寸」という単位で呼ばれています（※諸説あります）。西洋では「インチ」と呼ばれる部位です。

　「寸」は建築や身近な物でよく使われている単位（柱を「〇寸柱」と呼ぶなど）で、家庭の中では腕の大きさやお餅の大きさの単位に使われてきました。

　おとぎ話に出てくる〝一寸法師〟の大きさは「一寸」ですが、尺貫法の使用が禁止されメートル法になった現在でも、「3センチ法師」とはいいませんね。

指の身体尺

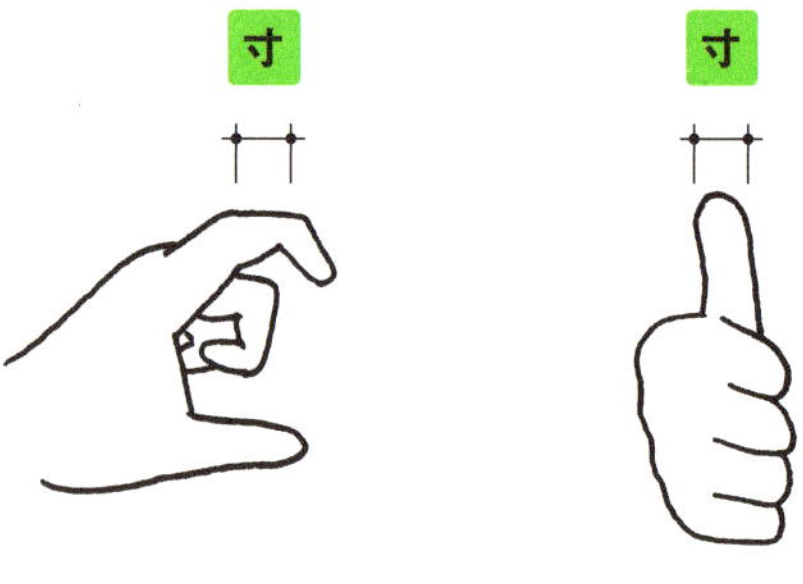

一寸＝30.3mm≒約3cm
親指の幅を「寸」（西洋はインチ）と呼びます。
人差し指を折り曲げたときの第二関節も「寸」と呼ぶ説もあります。

お椀は四寸

日本は西洋の食文化と異なり、食器を手に持って食べる食事スタイルです。そのことから日本の食器は、ご飯茶碗から汁椀まで片手で持てるサイズになっています。

工業デザイナーの秋岡芳夫の『暮しのためのデザイン』によれば、全国の汁椀を集めて測ってみると径四寸程度と寸法が揃っており、それを越える椀は見当たらなかったということです。両手の親指と中指で輪をつくる大きさが約四寸となり、椀の大きさと等しくなるため、人間の手・身体を基準としてつくられたと考えられています。

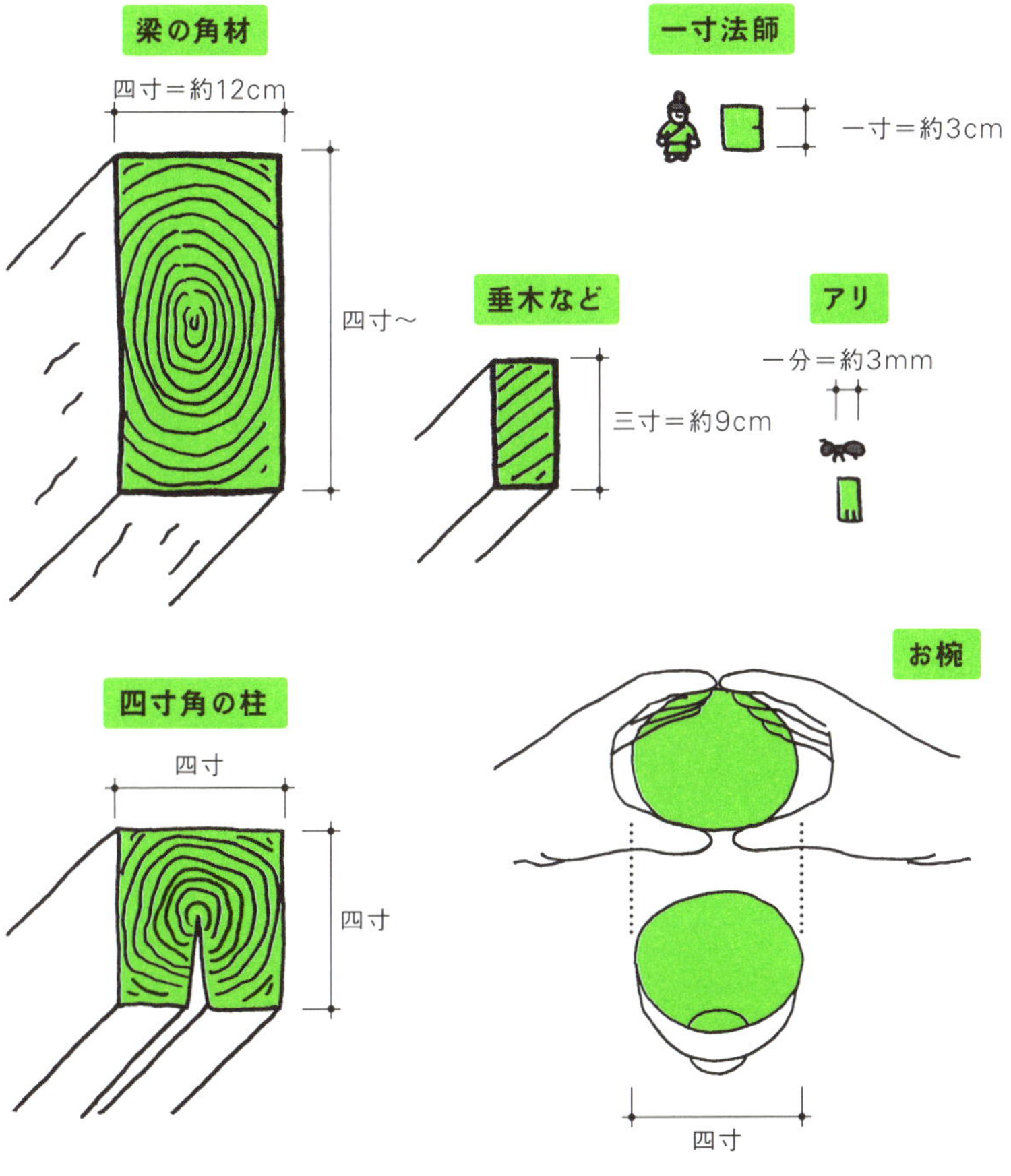

ものさし代わりの身体尺 ❷手とあた

「あた」とは

親指と人差し指（または中指）を開いた状態を「あた」と呼びます。手の大きな人や子どもの手など個人差はありますが、「一あた」はおよそ五寸になります。ちょうど、木造住宅の壁の厚さや、鉄筋コンクリート造の躯体の壁厚と同じ長さになります。また建築の図面などで寸法を測ることを「寸法をあたる」といいますが、この「あたる」は手の「あた」が由来と考えられており、手の大きさが基準になっていることがわかります。

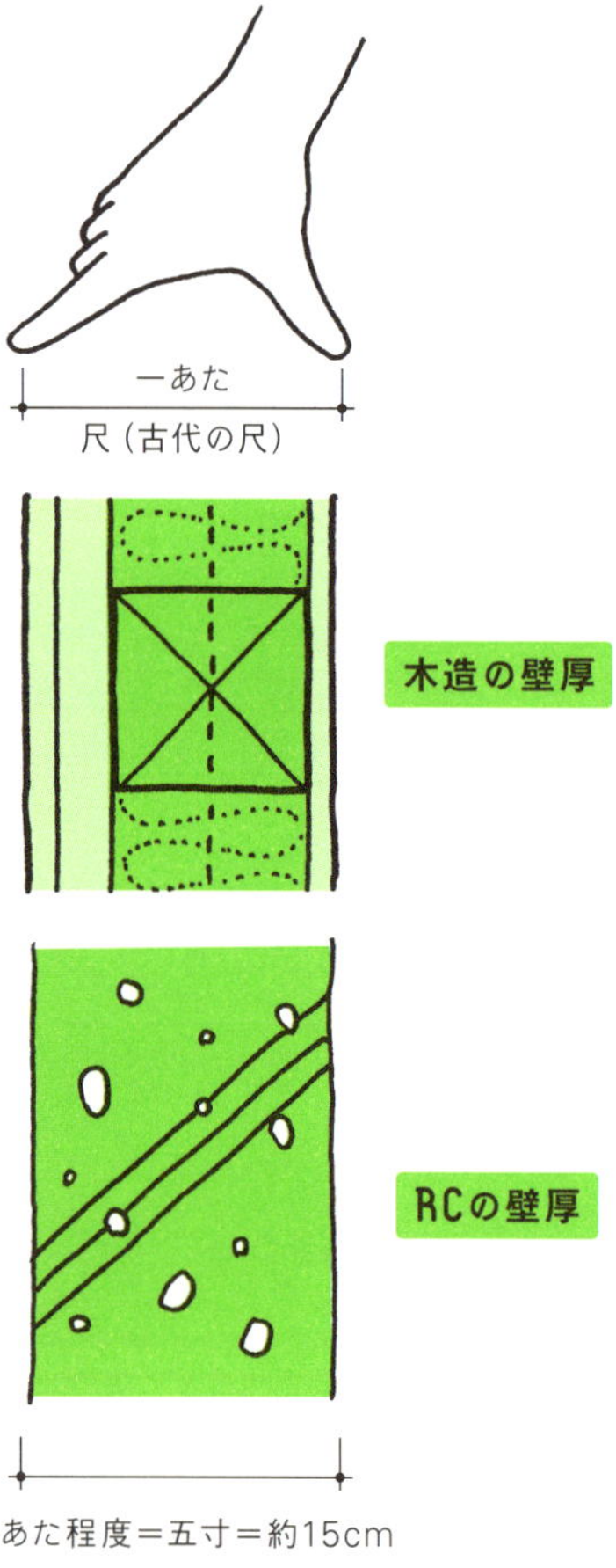

手の大きさが基準となり、片手で持つことのできる建築材料の一つにレンガがあります。

　レンガの大きさは「6×10×21センチ」と規格化されているのですが、この寸法は職人が片手に持って積み上げていく作業が効率的にできる大きさで決まっています。レンガは下から上に1個ずつ積み上げていくため、簡単に手で持てる適度な大きさが便利なのです。古代メソポタミア文明の頃から使われている日干しレンガも同じくらいの寸法といわれていることから、昔から積み上げやすい手の大きさに合わせてつくられていたと考えられます。

レンガは片手で持てる大きさ

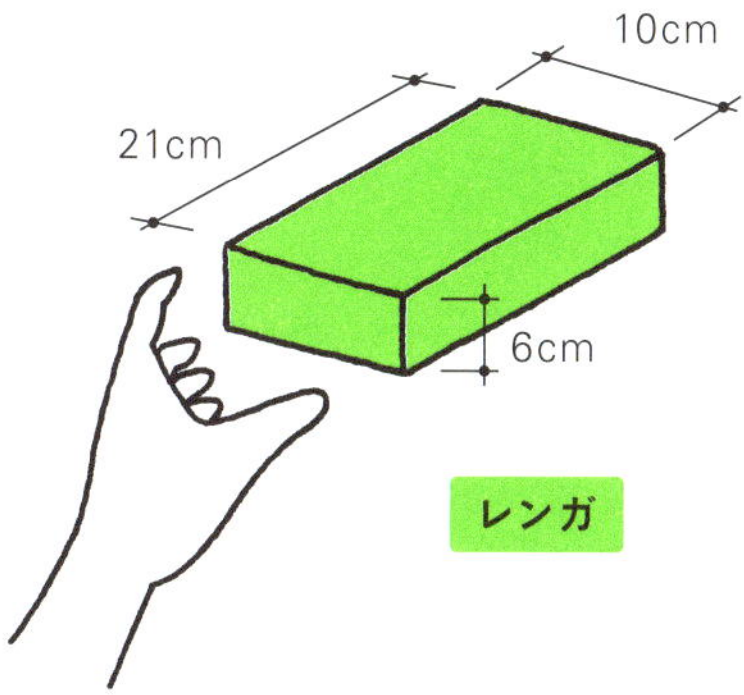

箸は一あた半がちょうどいい

　毎日の食事で使う箸も、自分に合った寸法の箸を選ぶ目安として、手の大きさが基準となっています。

　親指から人差し指までを「一あた」とし、その1.5倍の「一あた半」がちょうど使いやすい箸の長さといわれています。箸を選ぶ際にも身体尺の比例関係が参考になります。

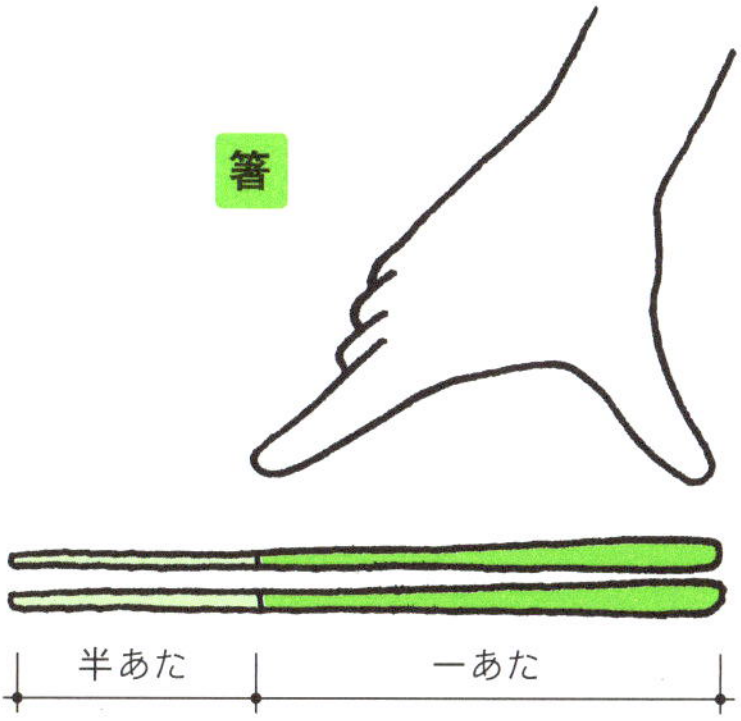

箸は一あた半が使いやすい

ものさし代わりの身体尺 ❸曲尺・さしがね・規矩術

曲尺《かねじゃく》とさしがね

曲尺は「かねじゃく」と呼ばれていますが、これには二つの意味があります。一つは「長さ」として日本の中世以来の正規尺とされており、一尺は現在では10／33メートルとして使われています。一尺は「肘から手首くらいまで」の長さをいいます（※一尺の長さは時代によって変化しています）。

二つめは、「道具」としての「さしがね」の意味があります。金属でつくられることからこの名があり、長短二つのものさしを直角に組み合わせ、目盛りを付けたとされています。直角は「矩《かね》」ともいい、柱や壁が直角かどうか調べることを「矩をみる」といいます。

古来、「まがりかね」と呼ばれていた工具としてはじまり、同時に長さを測るための「曲尺」として、本尺の目盛りが一寸単位、裏面は一・四一寸（√2）単位としてつくられました。ものさしの役割と定規の役割を兼ね備えており、それが後に「さしがね」となっています。

曲尺・さしがね

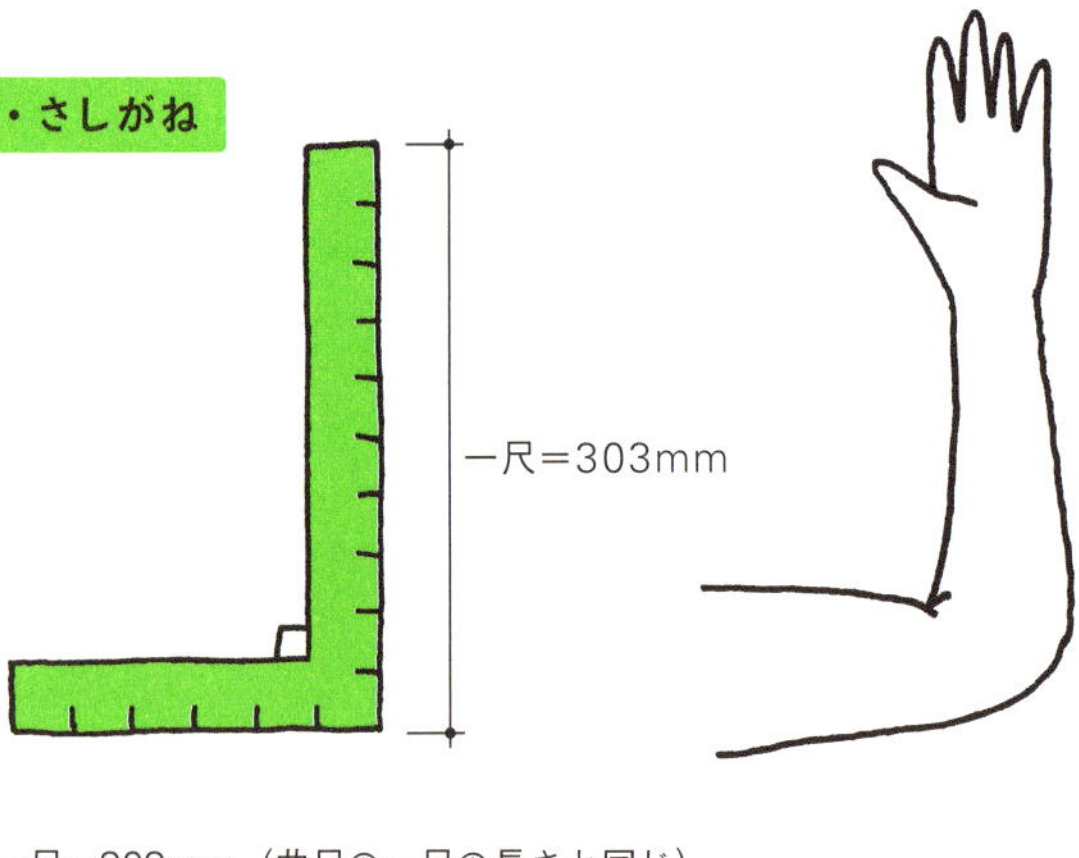

現在の一尺＝303mm（曲尺の一尺の長さと同じ）
ほぼ、肘から手首くらいまでの長さと同じです。

規《き》矩《く》術《じゅつ》

「規矩」とは、規矩準縄《きくじゅんじょう》の語に由来します。「規」（円（コンパス）を意味する）は物の長さを分割し、「矩」は直角（曲尺）を出し、「準」は水平を正し、「縄」は鉛直・垂直を正すことをいいます。

そのうち建築に関するものでは、寺院、神社などの建物の木割から釿《ちょうな》はじめ、上棟式などの諸行事に至まで広範囲にわたり、物事の規準やはじまりとしての意味があります。

規矩術はさしがね使い、かね使いなど、工作に必要な形と寸法、屋根の勾配を割り出す技術であり、親指の間接一節から三節、人差し指の関節一節から四節までの一節の二点を結ぶと、「3、4、5（さしご）」の方法でピラゴラスの定理となります。古くから大工たちはこの考え方を持っていたとされています。

規矩術は直角や勾配を計算する方法

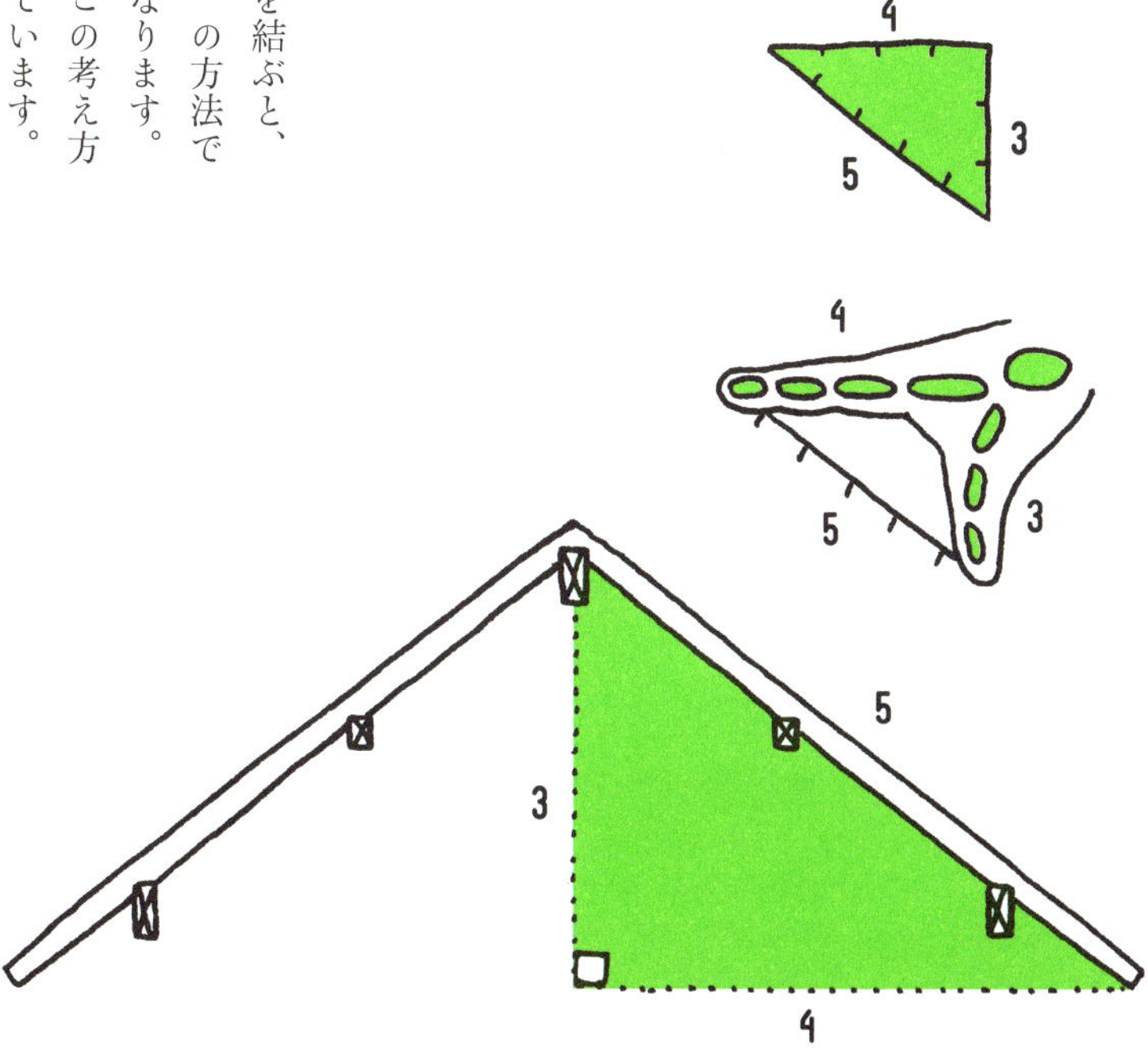

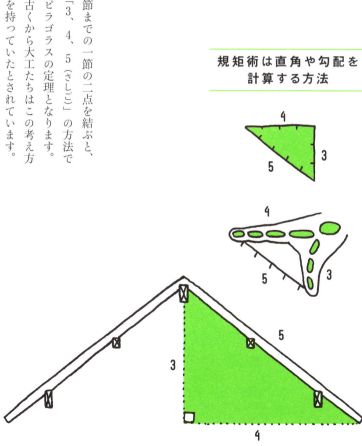

01 04

ものさし代わりの身体尺

❹足と身体

「歩《ぶ》」は中国が発祥であり、本来は面積を求める単位でした。現在の「歩」は1歩あたりの長さ歩幅を示します。日本人の1歩はだいたい二尺から、早歩きで二尺五寸程度といわれています。西洋の歩幅は1ヤード＝3フィートで約90センチといわれていますので、足の長さが異なることで20〜30センチも歩幅が違ってくることになります。

　自分の歩幅や、足の大きさを知っておくと、メジャーを持っていないときに簡易的に建物の長さやタイルなどの大きさを測ることができて便利です。

歩幅と距離

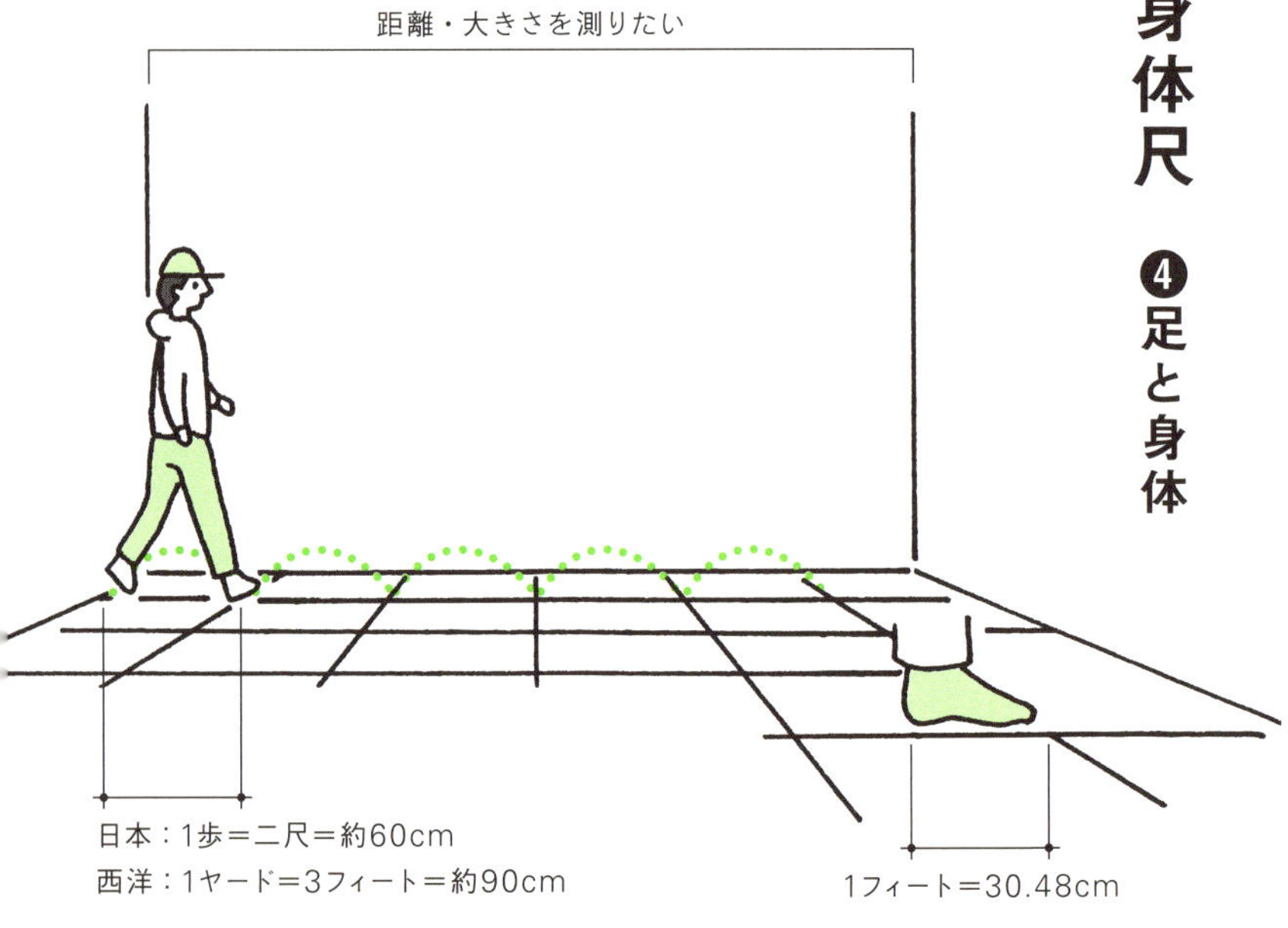

日本人の歩幅は通常二尺（60cm）程度、早歩きで二尺五寸（75cm）程度。
西洋の1yd（ヤード）は、3ft（フィート）＝90cm程度（1ft＝30.48cm）。
自分の身長や手を挙げた高さ、歩幅や手足の大きさなどは、
長さ・距離を測るものさし代わりになります。

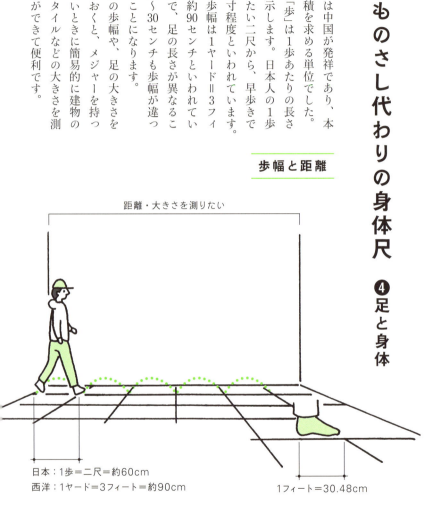

尺貫法からメートル法へ

古代の日本では古代中国から唐尺、朝鮮半島からは高麗尺などのさまざまな尺が伝わりました。7世紀のはじめには唐尺をベースにした大宝律令が定めらたことで日本における度量衡制度がはじまったとされています。

尺貫法の長さの単位として「間《けん》」「尺《しゃく》」「寸《すん》」「分《ぶ》」、質量の単位には「貫《かん》」「匁《もんめ》」、体積の単位を「升《ます》」などとする日本古来の度量衡法であり、江戸時代でも使われてきた尺貫法の単位は昭和34年まで使われ、メートル法へと変わりました。

現在、計量法ではメートル法を用いることとされているため、建築図面の寸法はすべてメートル表記となっています。しかし実際の建築現場に行くと、大工などの職人はいまだに「イッスンゴブ（一寸五分）」や「サンジャク（三尺）」など、かつての尺貫法の言葉を使っていることがよくあります。このように「寸」「尺」「間」といった身体を基準としてできている尺度の感覚が身体に染み込んでいるのでしょう。

身体と長さ

尺貫法をメートル法に換算すると、下図のようになります。また、尺貫法ではありませんが、「つえ」「ひろ」「あた」「もん」などといった身体の長さを表す身体尺があります。「つえ」は身長、「ひろ」は手を広げた長さ、「あた」は指を広げた長さ、「もん」は足の大きさをいいます。

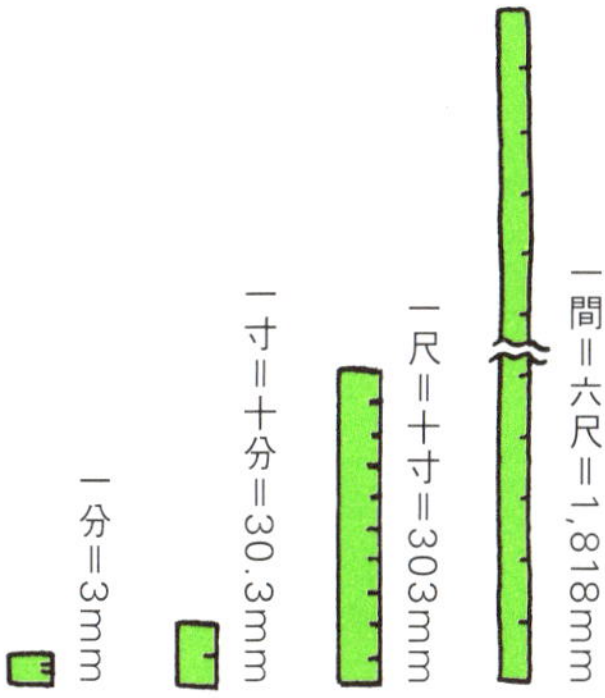

ひろ：手を広げた長さ
柱間の基準寸法に使われる

Column

身体の幅と通路・道幅

一人で歩く

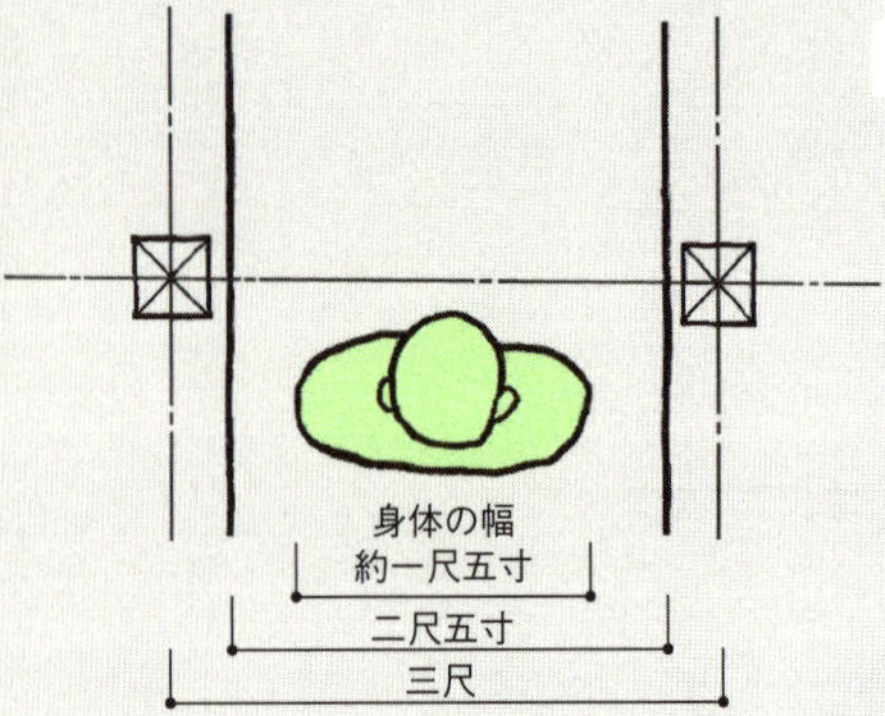

二人ですれ違う

一人が身体を斜めにして通る

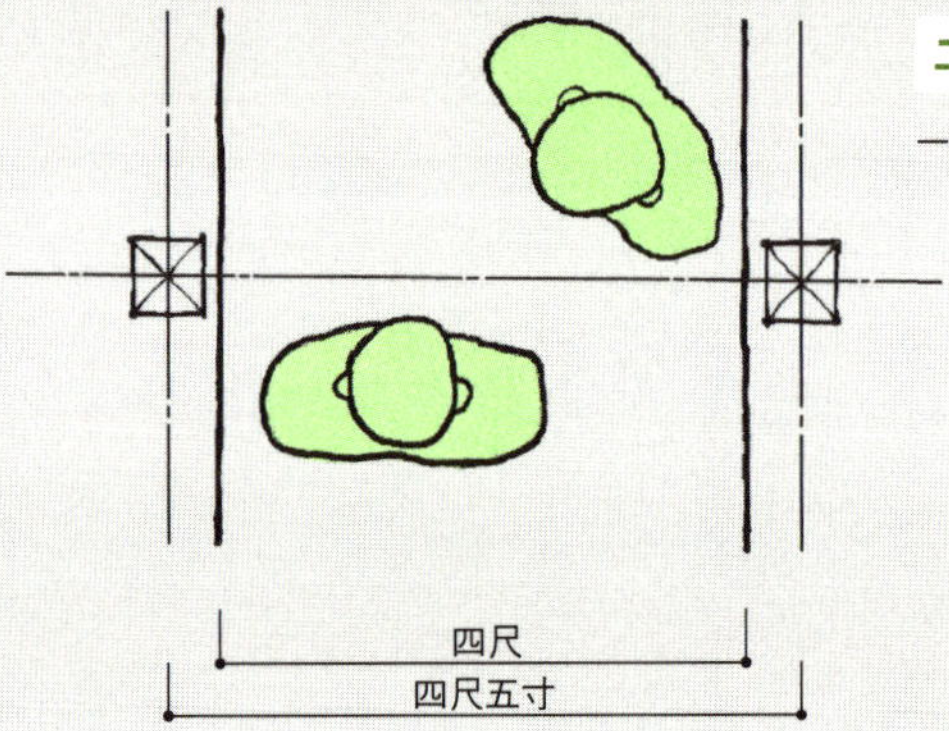

二人で肩を触れず

そのまますれ違うことができる

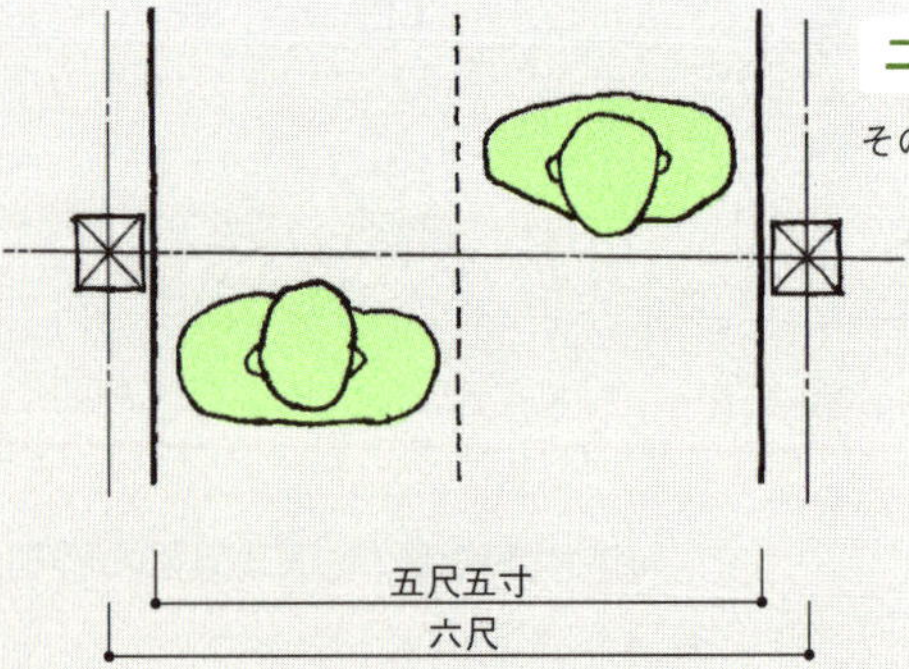

通路や道の歩行は「一人で歩く」「二人がすれ違う」「人と物がすれ違う」など、そこを通る性質で道幅が異なってきます。たとえば、一人で歩行する場合、男性の一般的な肩幅で考えても一尺三寸（40センチ）程度ですから、両手の動作をプラスしても通路の有効幅は二尺～二尺五寸あれば余裕をもって歩行ができます。

これらの寸法の倍数を基準として道幅はつくられてきました。江戸時代の生活道路の幅は、一間から一間半であったことから、人が歩いて通る尺度を基準につくられています。

まちを歩いていてほどよいスケール感の路地を見つけることがありますが、それは人間の身体スケールからできているのです。一方現代では、車両が通れる幅に合わせて建築基準法上の道路幅員は原則4メートル以上とされており、車の尺度が基準になっています。

人が歩く生活道路の幅

ものさし代わりの身体尺 ⑤畳・帖・坪

畳と帖

　住宅などの設計の打合せで、クライアントに「寝室の面積・広さは〇〇平方メートルあります」と説明しても、「〇〇平方メートルって何畳《じょう》(帖)くらいですか?」と聞き返されることがあります。日本人は畳一枚の大きさのスケール感を持っており、畳が何枚あるから〇畳(帖)と置き換えて空間の広さをイメージができるため、日本人にとって畳は、スケール感を養うものになっていると考えられます。

　畳の規格の代表例として「京間」と「江戸間」があります。京間は柱間で六尺三寸、江戸間は五尺八寸とされており、五寸(約15センチ)も違いがあります。これは畳割り・柱割りによって畳の大きさに長短が生じているのです。それが後に地域独自に発展し、畳の大きさの規格が変化していきました。江戸時代には引越の際、畳を大八車に積み込んで新居に持ち込んだとされており、畳の規格化が進んでいたとされています。

　畳はもともと現在のように床材として敷く物でなく、平安時代に貴族の設えや寝具として使

畳(たたみ)

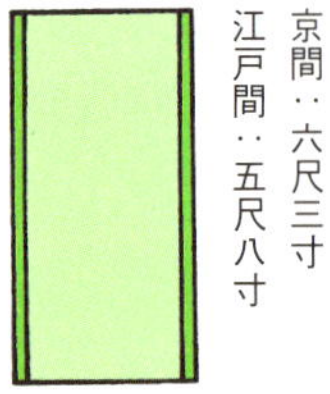

京間：三尺一寸五分
江戸間：二尺九寸

畳・帖(じょう)

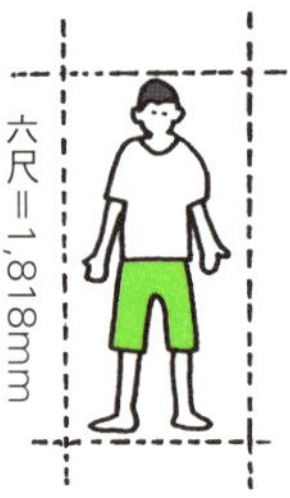

三尺＝909mm

一帖≒1.65㎡
(三尺×六尺)

坪(つぼ)

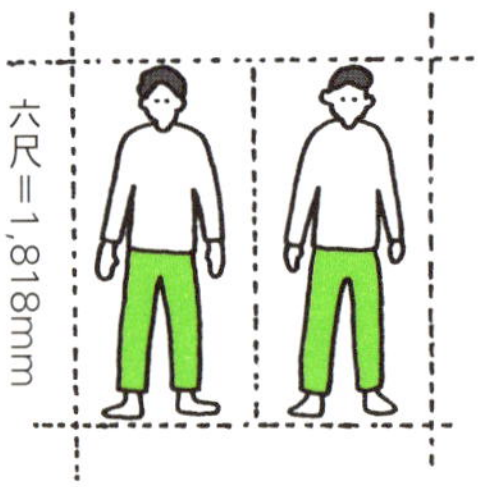

六尺＝1,818mm

一坪≒3.3058㎡
(六尺×六尺)

われたのがはじまりで、寝殿造りの宮殿の床の上に寝具として畳を敷いて寝ていました。現代でいうところの「ベッド」のような家具として使われていたため、現在用いる広さの基準としては扱われてはいませんでした。

坪

「坪」という面積の単位も人間の身体から生まれたものといわれています。この単位は中国渡来の「歩《ぶ》」の六尺平方からきており、歩の起源は二歩四方でありました。その後、歩の呼び名が「坪」に変わったとされており、現在では一坪＝約3.3平方メートルと面積の単位として使われています。

座って半畳、寝て一畳

「座って半畳、寝て一畳」ということわざがありますが、その言葉通り人間の最小スペースを表しています。横方向は、座った状態で半畳の広さ（三尺×三尺）、寝ている状態が一畳の広さ（三尺×六尺）となります。高さ方向は、1身長（六尺）と半身長（三尺）を基本とします。

六畳の広さ

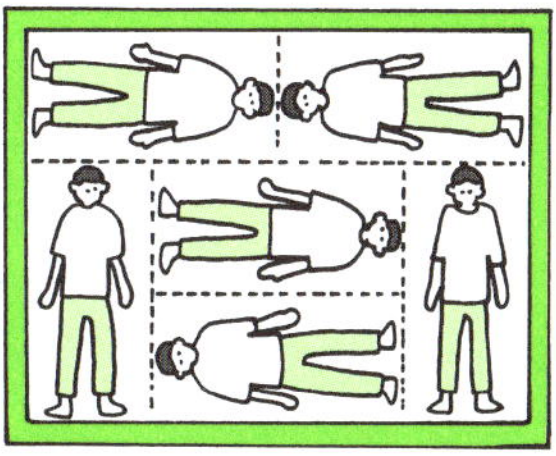

六畳間の大きさは六人、人が寝転べる広さ

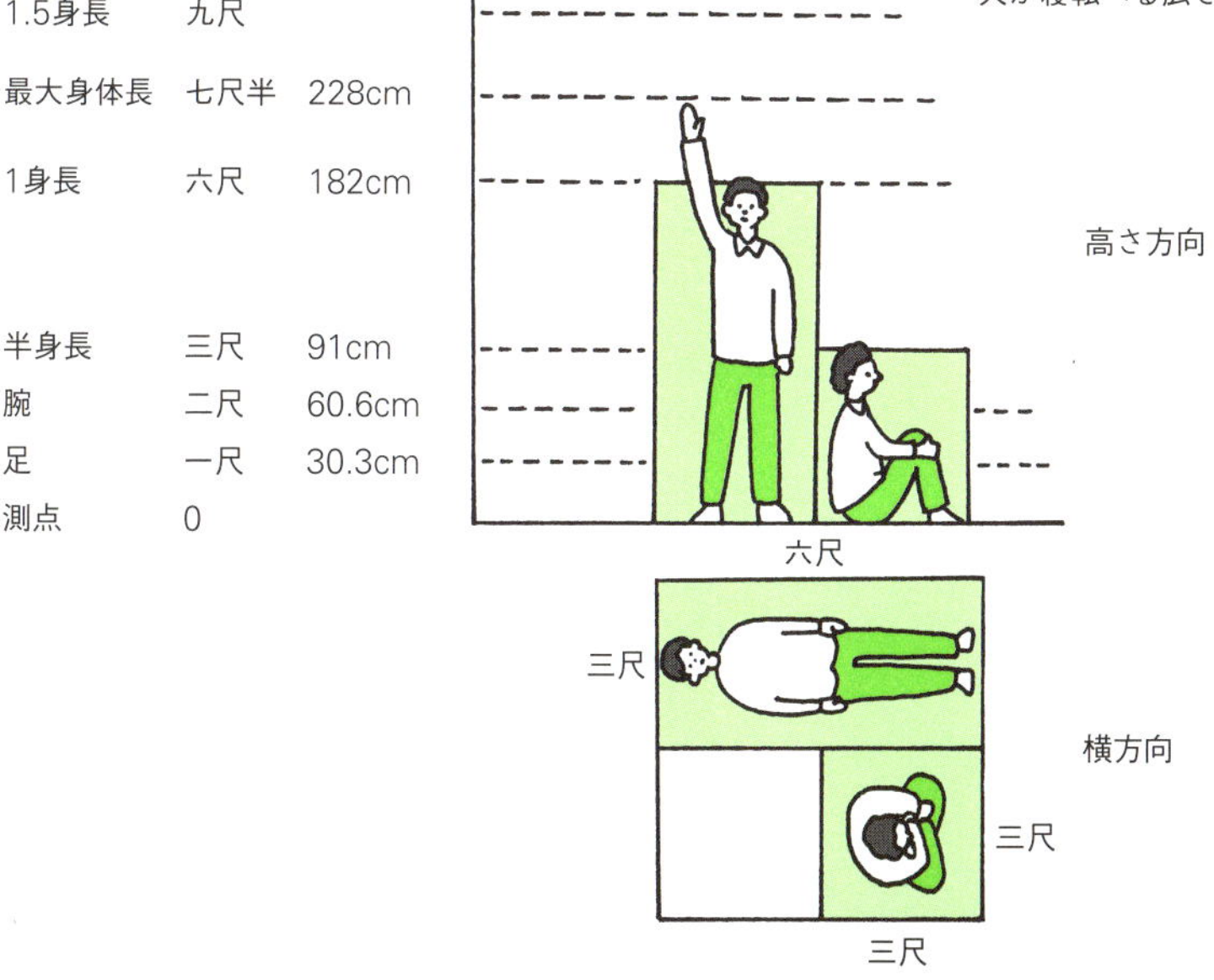

Column

収納の高さと人体寸法の略算値

身長差や年齢によって収納の高さの基準は異なりますが、手の届く範囲や身の周りの物の使用頻度を「上段、中段、下段」に分けた収納区分と、高さに応じた扉の開閉方法の収納形式を一覧表にしています。

身長（H）を基準にした人体の各部位の比例関係の寸法略算値を求めています。目線の高さや肩の高さ、物をとったりする動作と高さ関係、椅子や机の高さを求めるときの略算値を簡単に求めることができます。

収納の奥行きでは、布団を敷いて寝る人は布団を三つ折りにして押入れに仕舞いますが、この場合奥行きは三尺（90センチ）程度必要になります。ジャケットなど洋服を収納するクローゼットは、奥行き二尺（60センチ）程度あれ

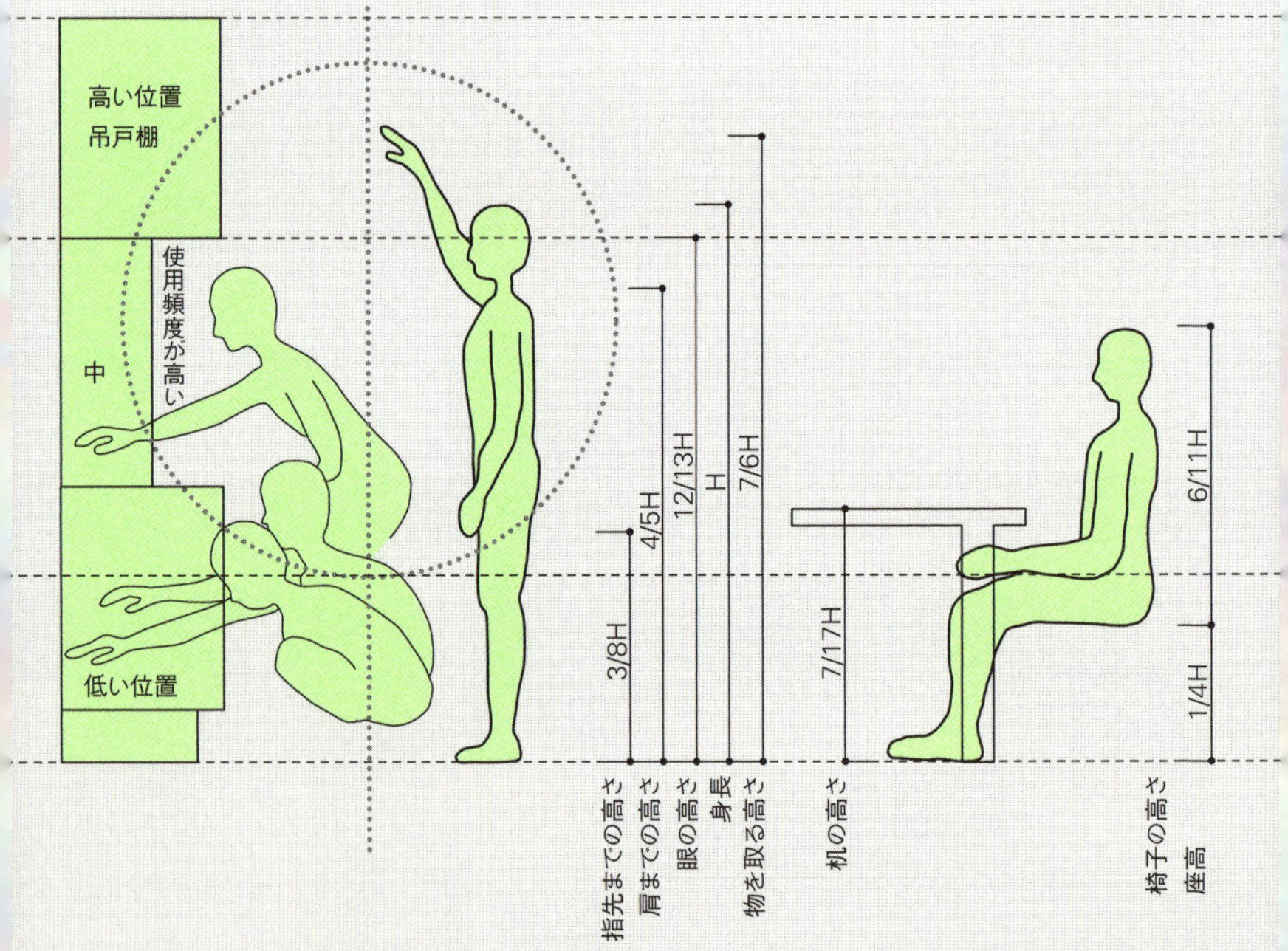

ば大丈夫です。

実際の建築空間をつくったり、図面を描く場合にはクリアランス寸法を加えることがあったり、身体機能に応じて寸法を決めていきます。また、住宅を設計するのか、それとも事務所や店舗などを設計するのか、用途によっても変わってくるため、一つの目安として参考になるかと思います。

身体尺の成り立ち・おさらい

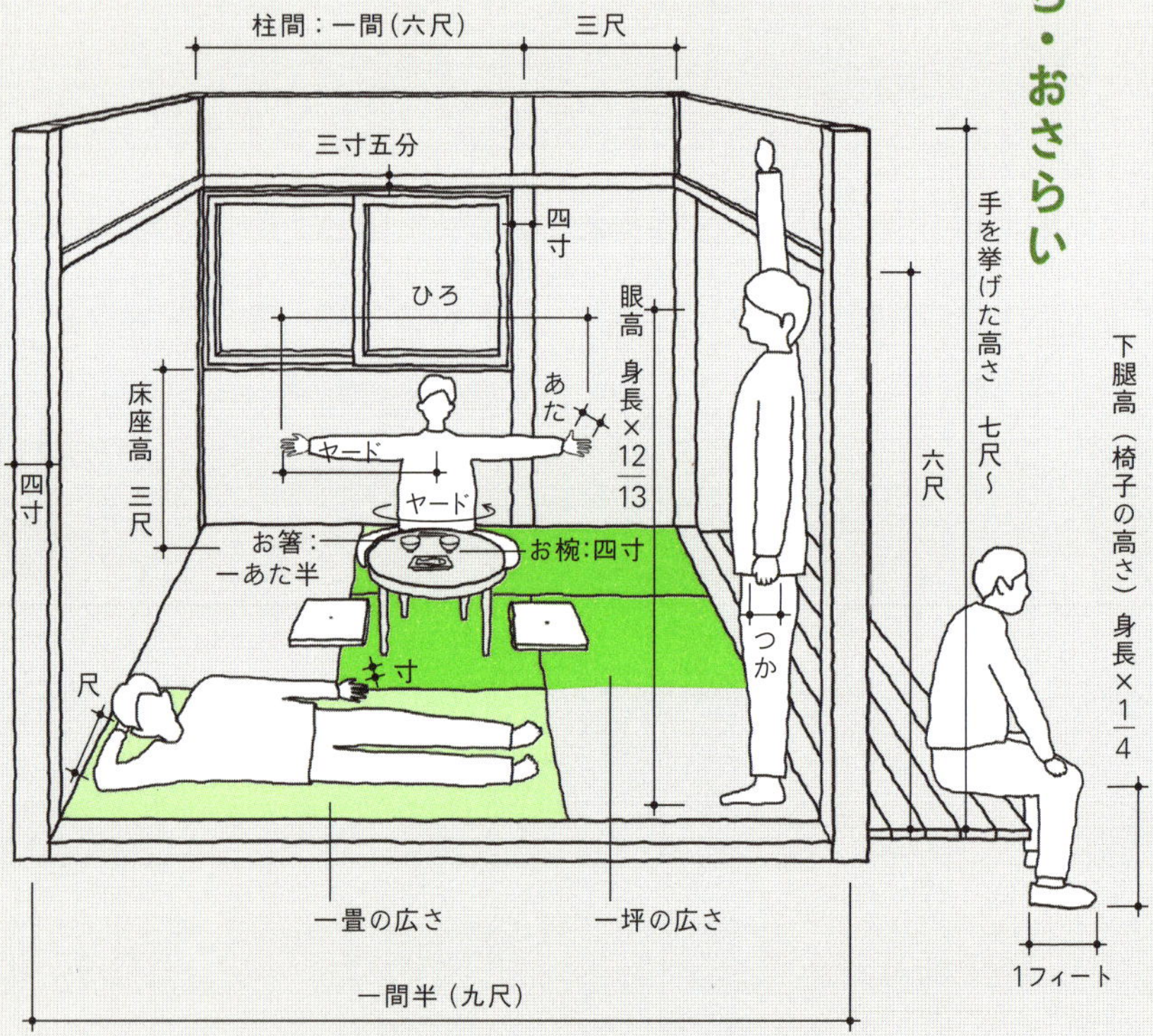

あなたは自分の身体尺を知っていますか？

02 01

自分の身体の寸法を測る

1章で見てきたように、身の周りの道具や家具、そして住まいを含む建築は人間の身体寸法からできています。ですから、人間が使う家具や人間が住む建築を設計するには、人間の寸法と動作を知らなくてはなりません。

人間の体格や身長などはさまざまですが、まずは自分の身体と部位の寸法を覚えましょう。人体を自分と想定して、寸法を書き入れてみましょう。

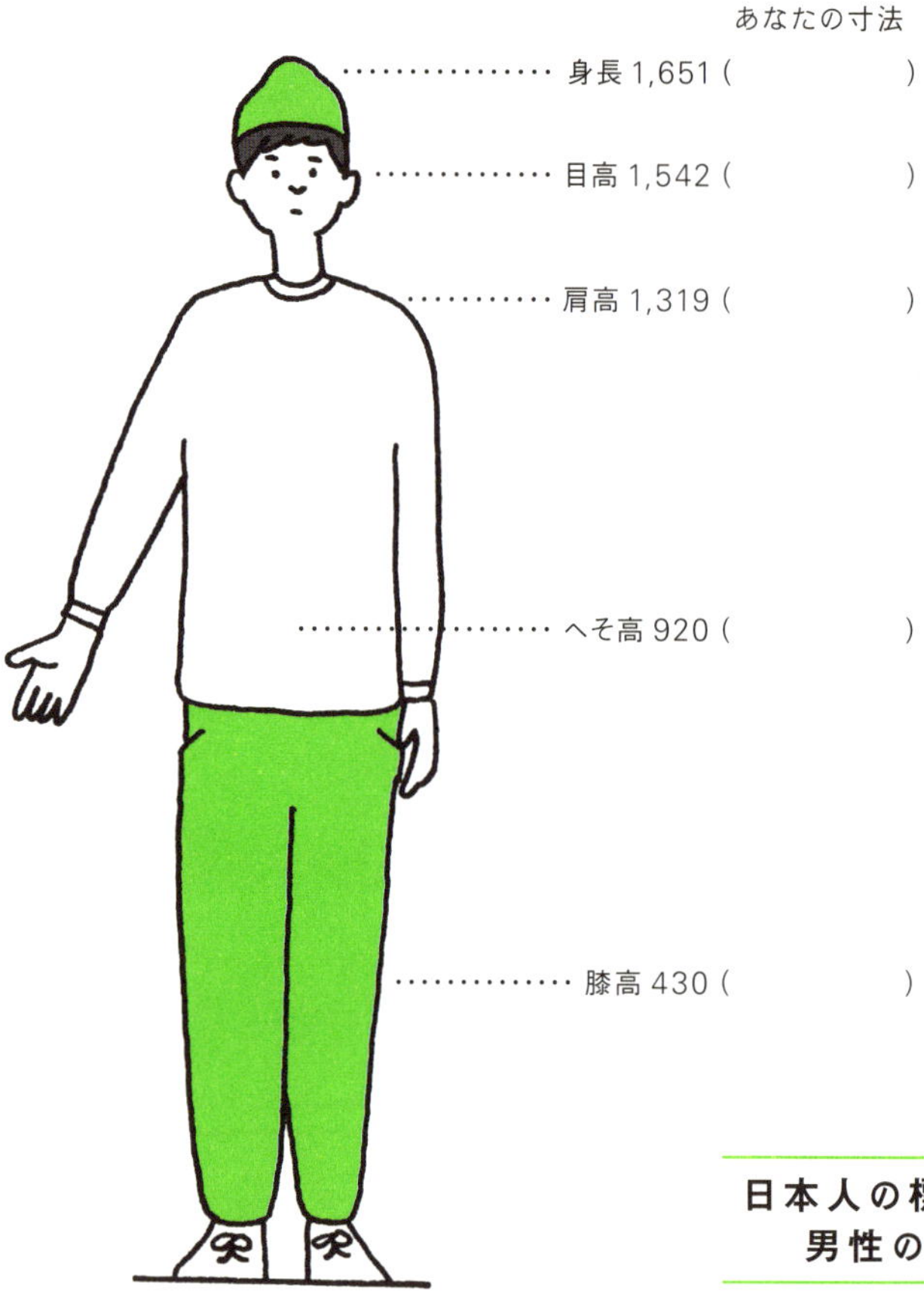

日本人の標準的な男性の体格

自分の身体寸法を知る

正座した姿勢

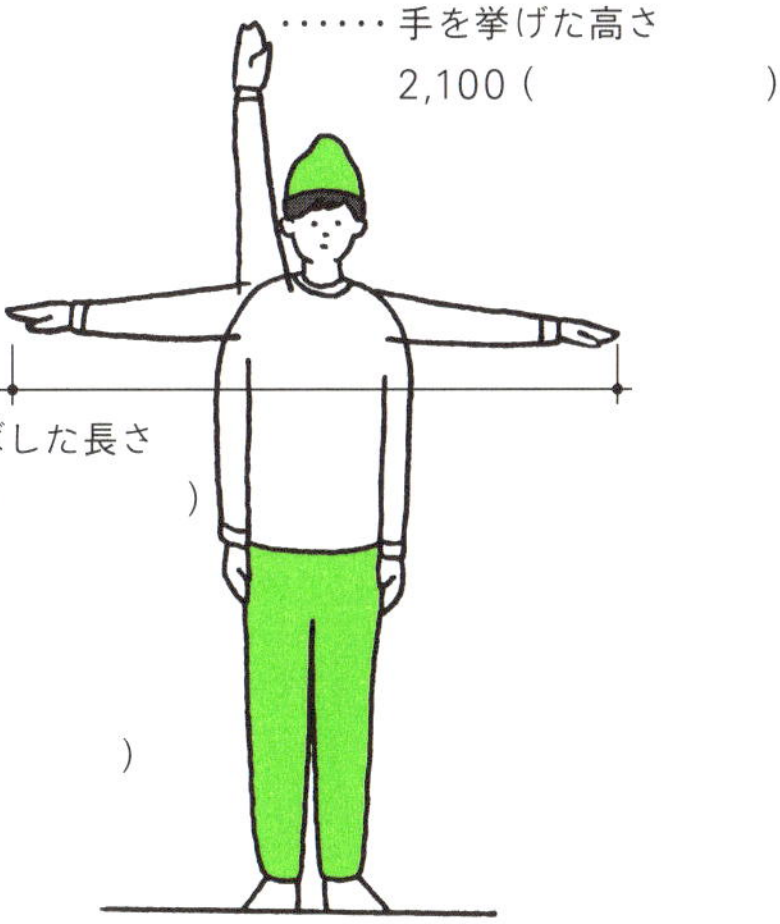

立った姿勢

腕を伸ばした姿勢

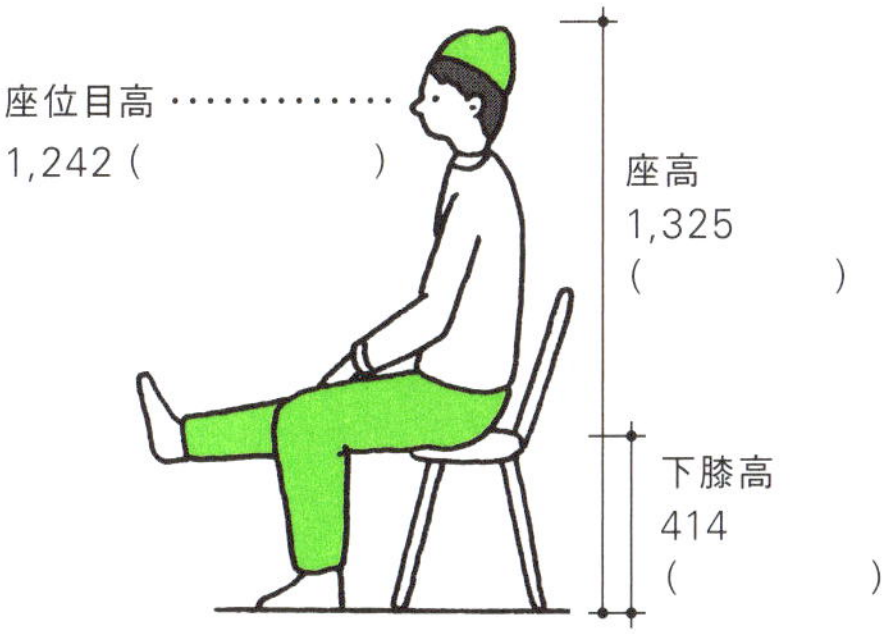

座った姿勢

※上の数字は標準的な寸法。(　) 内は自分の寸法を書き加えてみてください。

02 自分の身体はどこでも「ものさし」

足の寸法、腕の長さ、親指と人指し指の間隔の長さなどは、さまざまな名称がつけられ、「簡易ものさし」として使われてきました。

平均標準的な寸法を「覚える」ことも重要ですが、ここではまず自分の身体に合った寸法を測って覚えてください。脚のサイズは靴を購入するときに知っていなければならない寸法ですから、知らない人はいないと思いますが、手開いたときや拳の幅などのサイズを知っておくと、さまざまな物の寸法を大まかに掴むにはとても便利です。

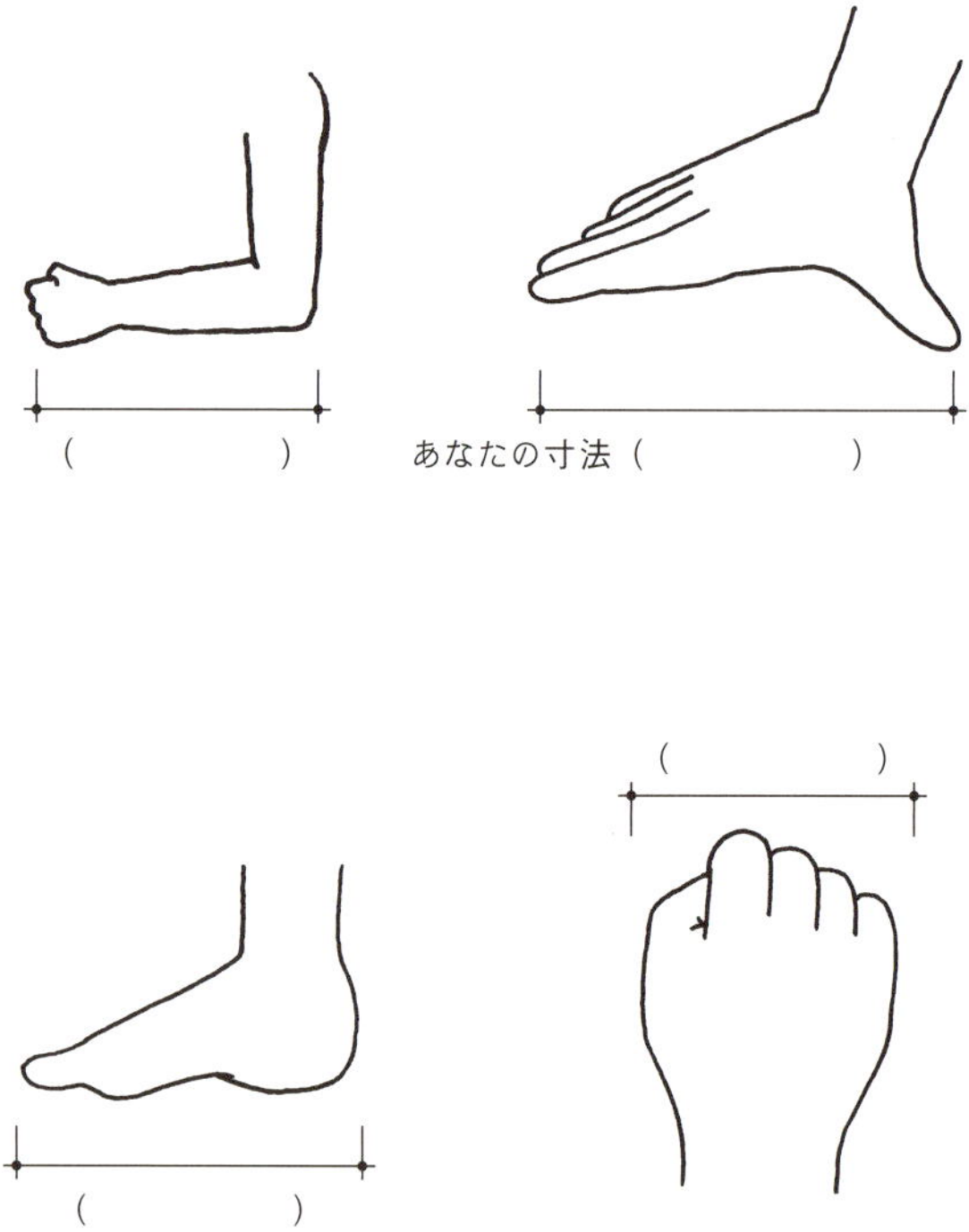

早足のとき　　遅足のとき

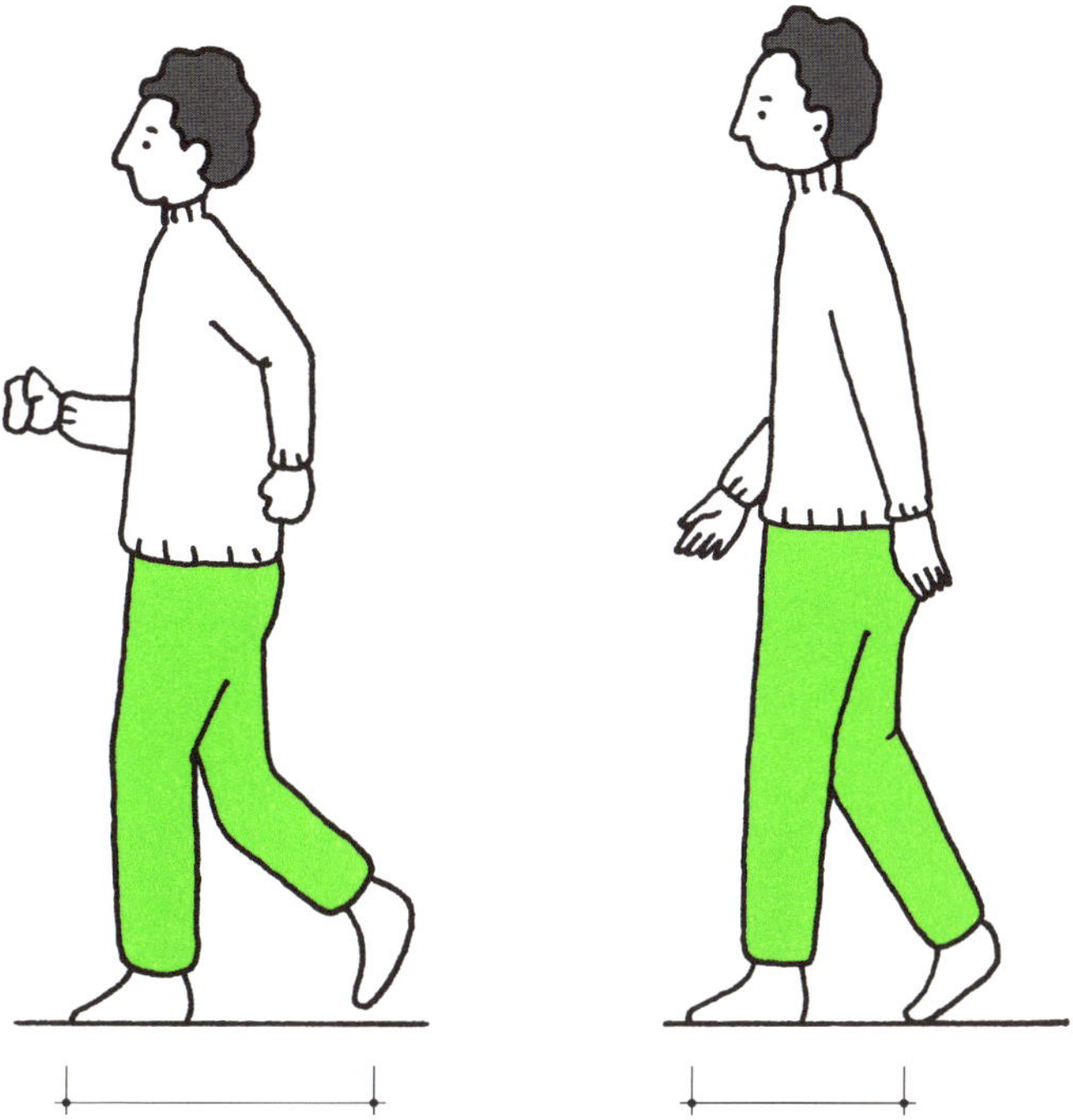

（　　　）　あなたの寸法（　　　）

また、「歩幅」は、距離を測るときには便利な簡易距離計となります。
　道幅や家の間口などの大まかな寸法を知りたいときに役立ちます。何回か歩いてみて、平均的な歩幅の寸法を測ってみてください。ゆっくり歩いたとき、速足のときの歩幅の寸法を知っておくと、スケール感のよい空間に出会ったときに、その寸法を掴むことができます。

身体尺を基準に物の大きさを考える

ベッドや浴槽などの寸法を知りたいときには、実際に身近にあるベッドや浴槽を巻尺で測るのも一つの手段ですが、ここでは、スケール感を身につけるために自分自身の身体寸法を比較して、さまざまな家具や機器の寸法を考えてみましょう。

まずはベッドは自分の身長と肩幅に寝返りなどの動作スペースの余裕をとればわかりやすいと思います。大体ですが、身長に上下１５０ミリずつ、計３００ミリをプラスした寸法がベッドの長さ、そして幅は寝返りができるとすれば、肩幅の２倍の幅

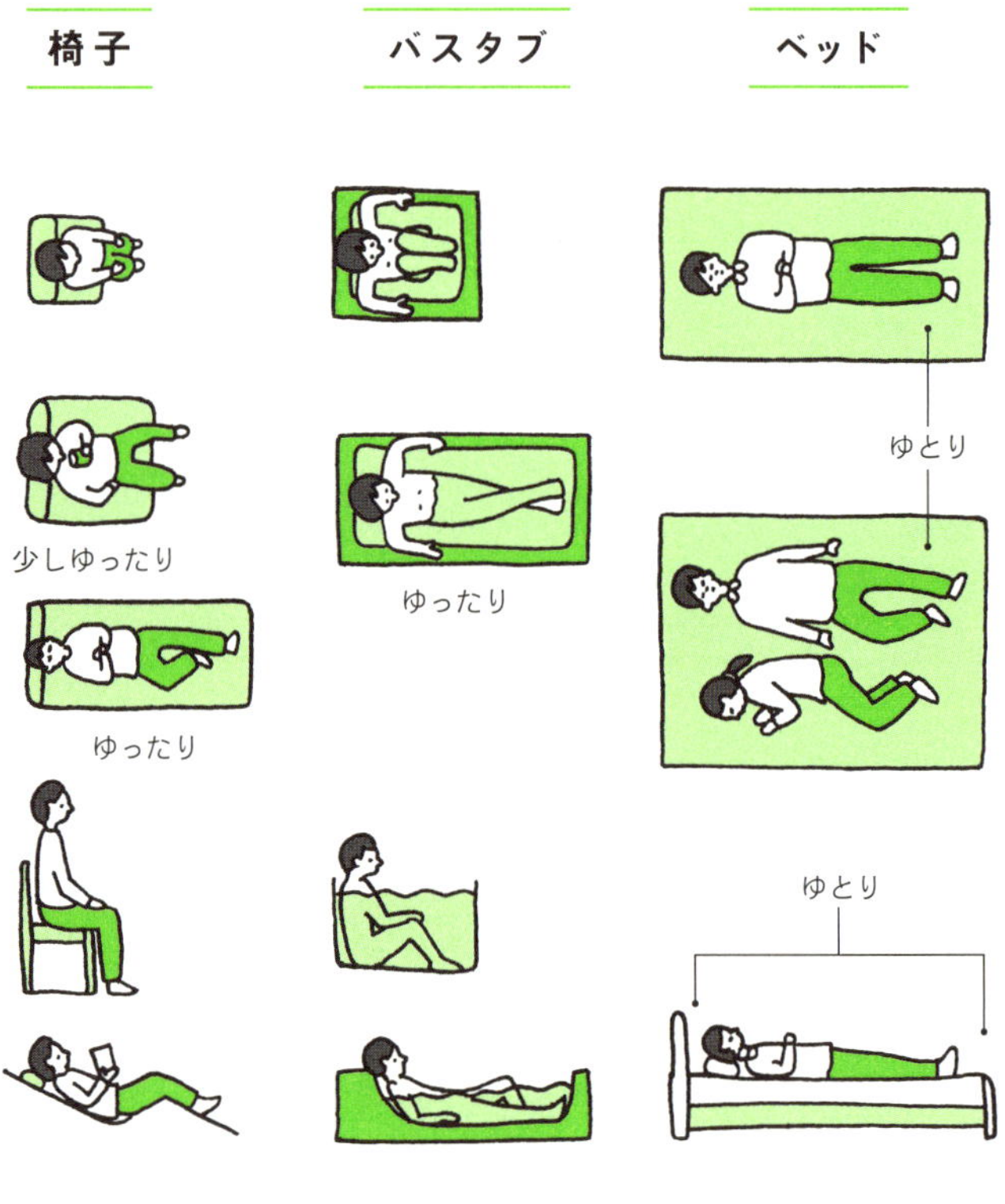

身体より一回り大きく

が必要ですから、シングルベッドの幅は肩幅の2倍、約1000ミリと覚えればよいのです。

浴槽の幅は自分の肩幅より100ミリ程度広く、長さ（L）と深さ（D）の関係は、一般的な浴槽ではおおよそL＋D＝1600〜1700ミリと考えてください。

椅子は作業用や食事椅子はすねの長さと腰の幅から、幅（W）、奥行き（D）、座の高さ（SH）はすべて約400ミリと覚えてください。居間の休憩用のソファなどの椅子はよりベッドに近い寸法になり、SHは低く、座は長くなります。その他、キッチンの調理台、食卓などの寸法を書き入れてみてください。

食卓

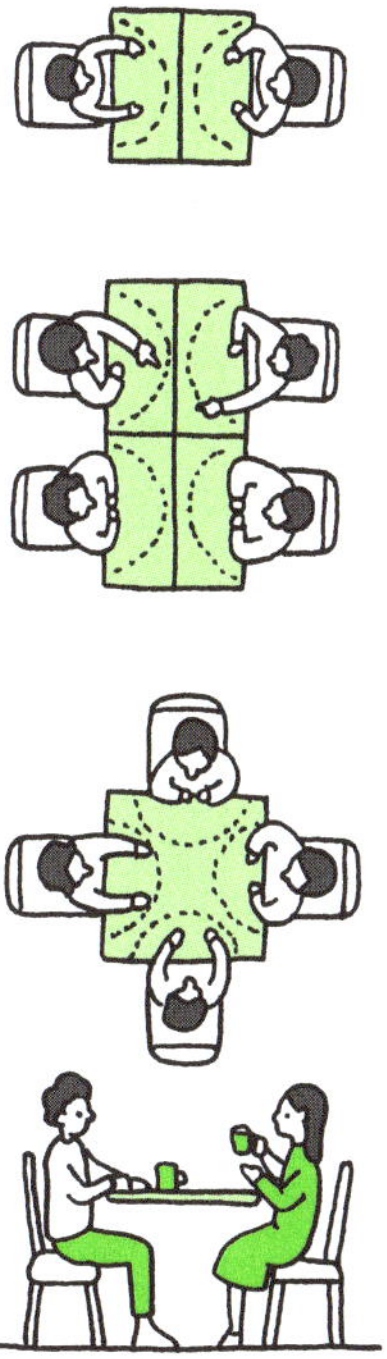

キッチン

動作空間を考える

Column

モデュロールという寸法系

コルビュジェのモデュロール

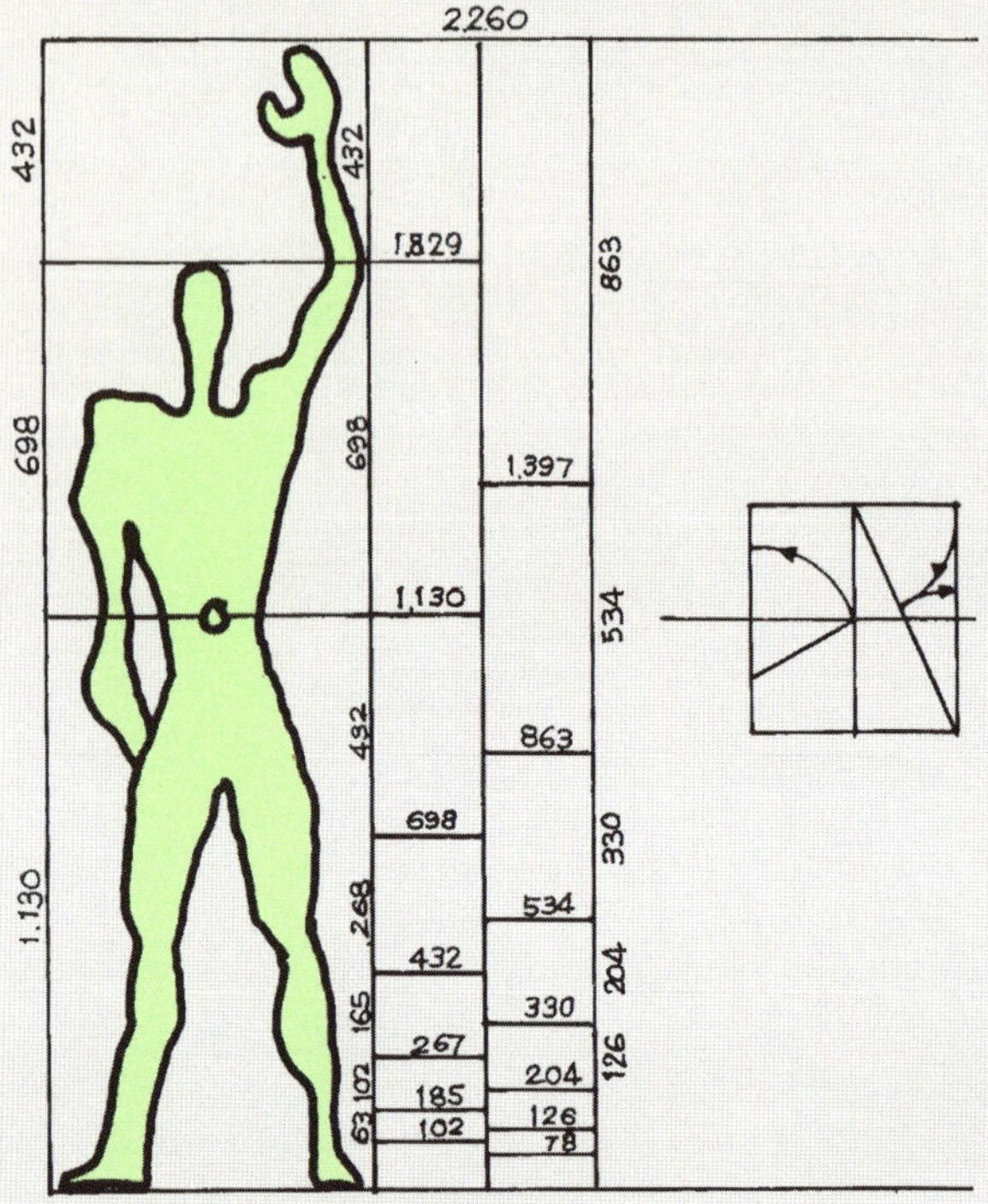

モデュロールと動作

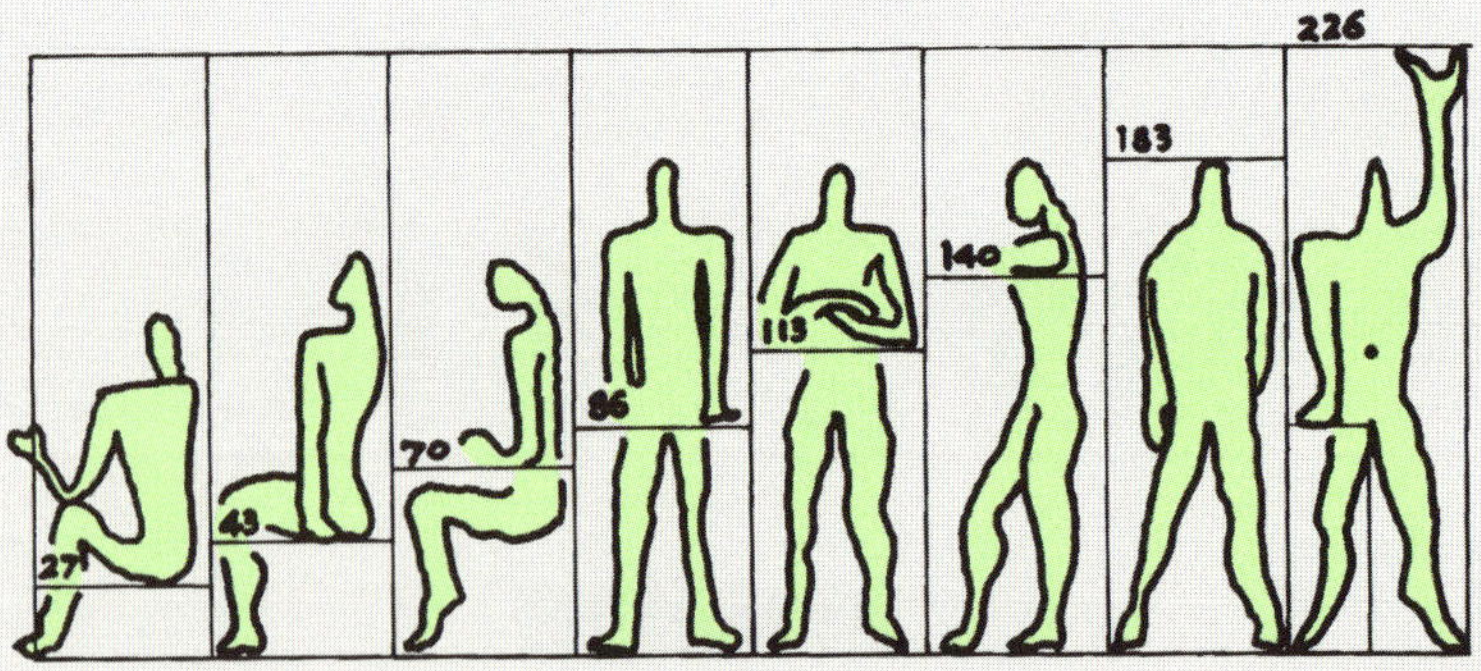

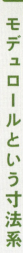

コルビュジェモデュロールの実験小屋・カップマルタン

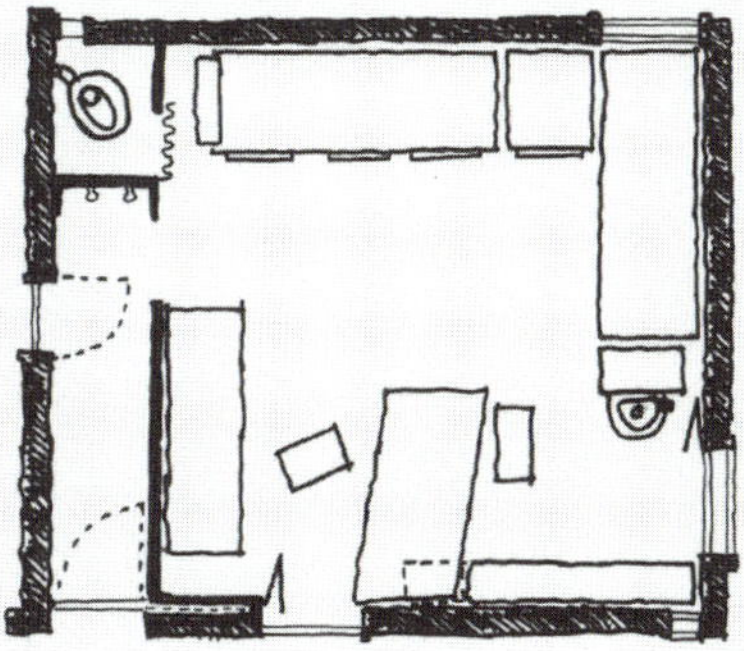

平面図

近代建築の三大巨匠の一人・ル・コルビュジェは、人間の身体寸法の割合で空間を考える寸法の体系を提案しました。それが「モデュロール」です。

そのモデュロールを実際に体験するための小さな小屋が南フランスのカップマルタンにあります。その寸法系をさまざまな生活行為と家具や建築に当てはめたのが、AB図です。これらの図を見ていると、机や椅子、ベッドなどの寸法、そして窓や天井の高さなどは数字で覚えるのではなく、自分の身体を考えていけば、スケールを大きく間違えることはなくなるでしょう。

カップマルタンのモデュロール

A

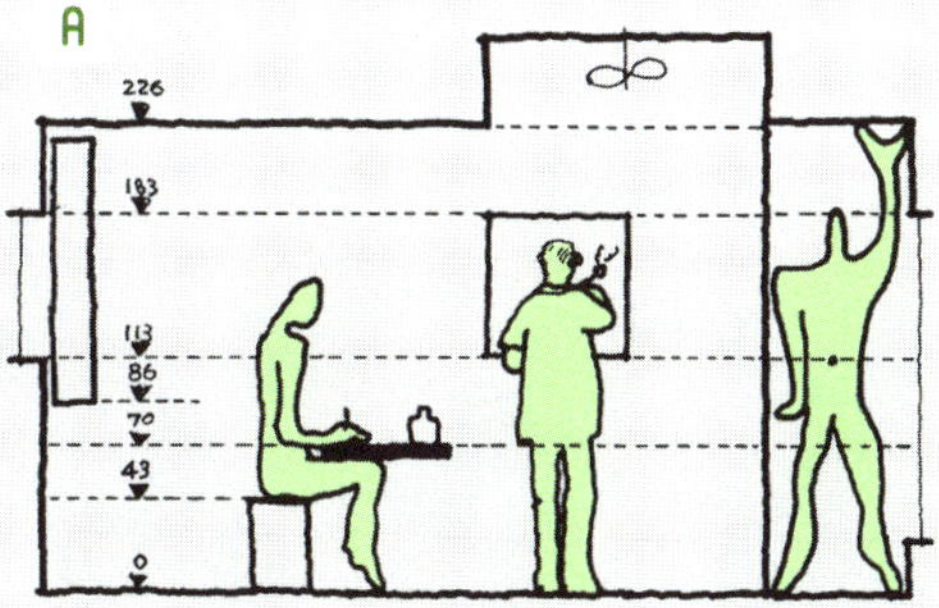

B

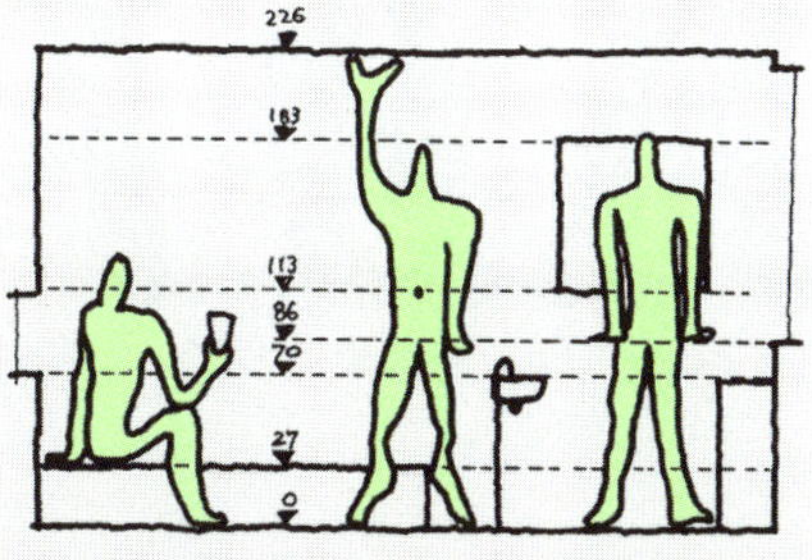

02

04

日本人の身長によって決まるもの

私たち日本人は欧米人と体格も生活慣習も大きく違っています。それによって、家具や家屋の形式や寸法にも差が出てきます。この図はコルビュジエのモデュロール（コラム参照）に倣って、日本人の体格と生活動作を描いたものです。この図を見て、私たちの日常行っている姿勢を当てはめ、寸法を自分の身長や部位の長さと比較して、その大きさの寸法を知ってください。

たとえば、天井の高さは椅子に乗って電球が変えらる高さが適当と考えました。また、窓の大きさは、腰の高さから頭の頂

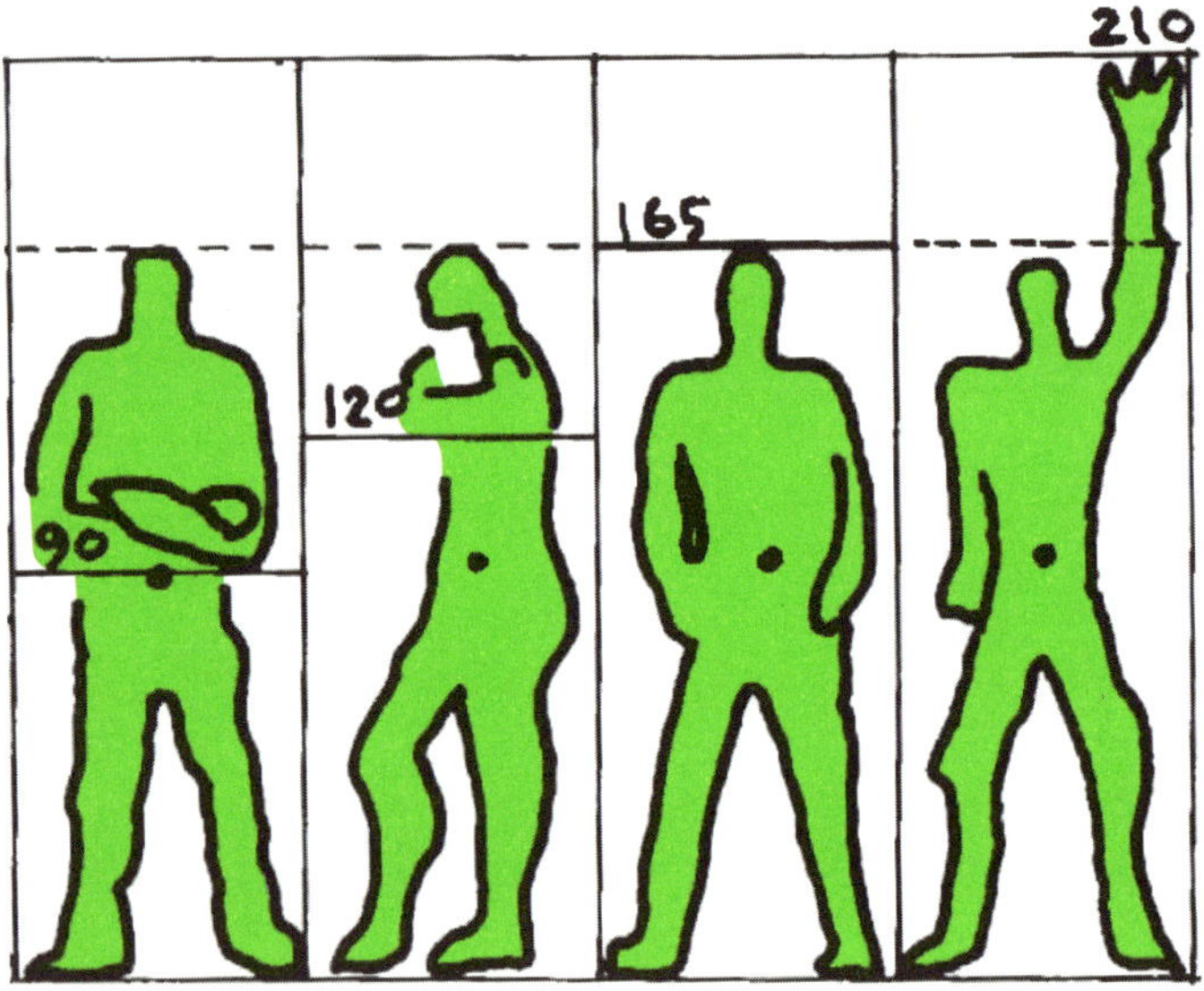

点と考えます。

日本家屋では畳の上の生活に欠かせない正座やあぐらで使う座卓、また、履物を脱ぐ生活、さらに、内部とも外部ともつかない中間領域といわれる縁側はさまざまな用途に使うことが可能です。縁側の高さは家屋を湿気から守るためと、家屋の出入りや、座ってくつろぐ場に適した高さになっています。このように具体的な使われ方と私たちの身体の寸法を比較して考えることが大事です。

日本人の体格をベースにしたモデュロール

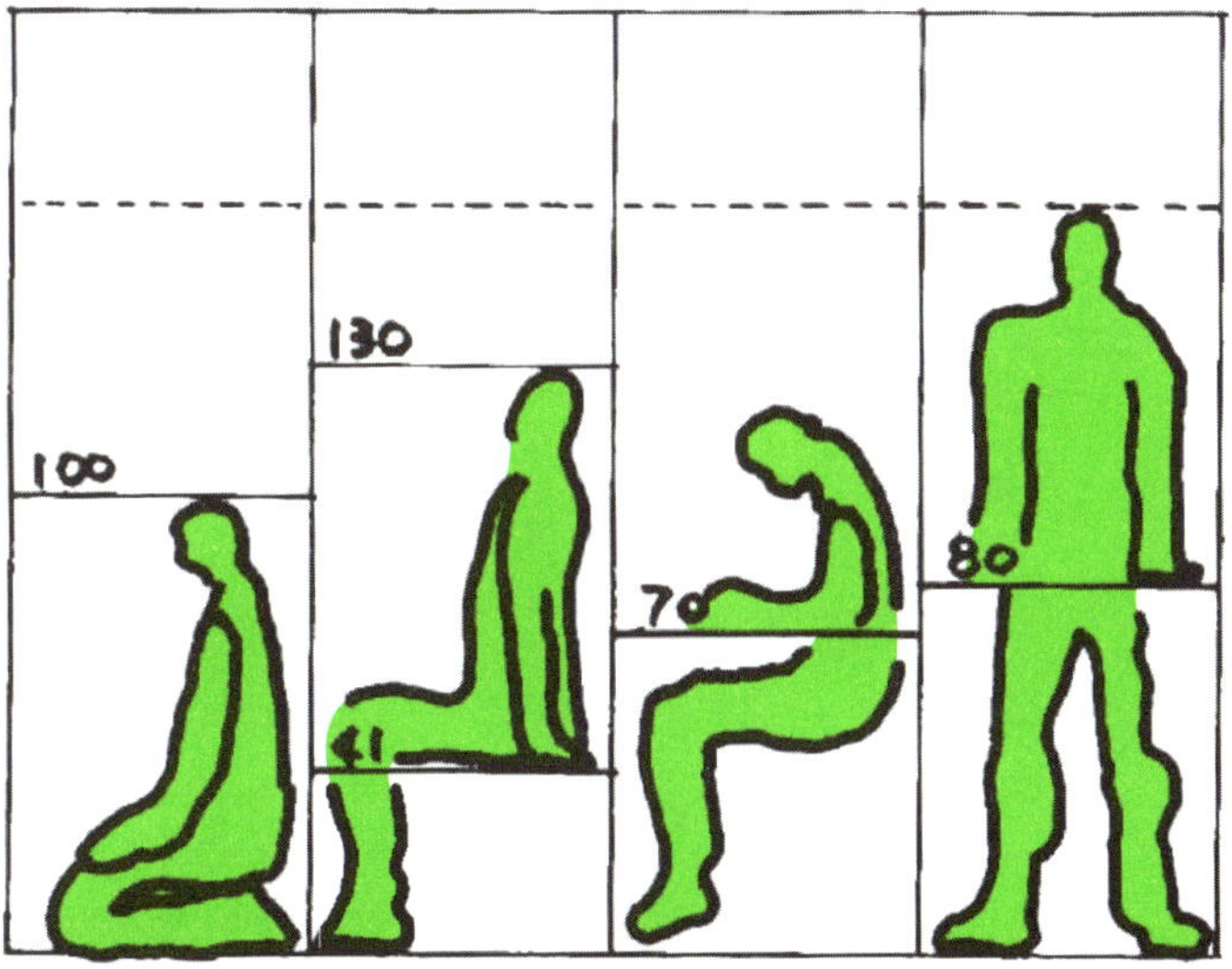

生活動作と家具や建築の高さの関係

先に見た日本人のモデュロールを使って私たちの日常生活のさまざまな動作を考えて、家具や建築の高さを見ていきます。

椅子に乗って届く天井の高さ

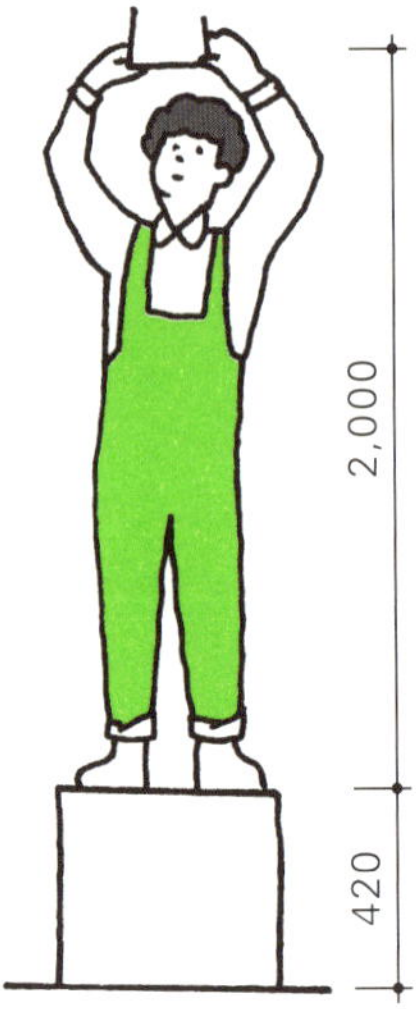

2,000+420

天井は高ければ高いほどよいものではありません。ここでは、天井の高さを2,420としましたが、これは椅子に乗ってメンテナンスができる高さが目安になっています。

天井に点検口がある場合は、配管・配線などの修理工事が生じます。

天井は直接触れる機会は少ないのですが、ペンキの塗り直し、クロスの張り替えなどがあります。

手を挙げた高さ

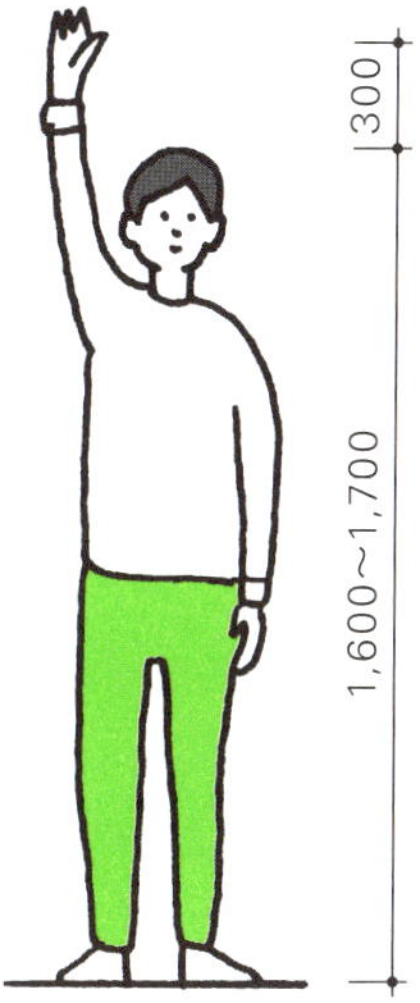

1,600～1,700+300

手を挙げて作業するのは、吊戸棚を利用するときや壁付け灯（ブラケット）の電球の取り替え時などです。この1,900～2,000は、収納棚などの目安となります。

居室でないトイレや浴室などの天井は低くてもよいでしょう。

手を伸ばして使う高い棚は利用頻度の少ない物の収納場所。

扉の上の欄間の位置は、手を挙げて届く高さに。

背の高さから決まるもの

1,600〜1,700

人間の背の高さで決まるもので、まず思いつくのは出入り口です。一般的な人間の平均身長＋α＝畳一枚分の高さ（約1,800）と覚えてください。ただ、現在では私たちの体格もよくなってきたので、1,900や2,000にすることも少なくありません。

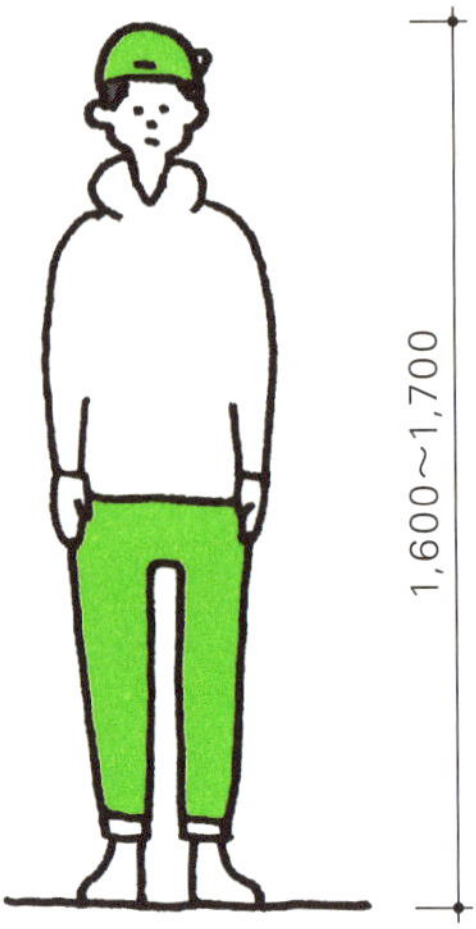

コードペンダントの高さ

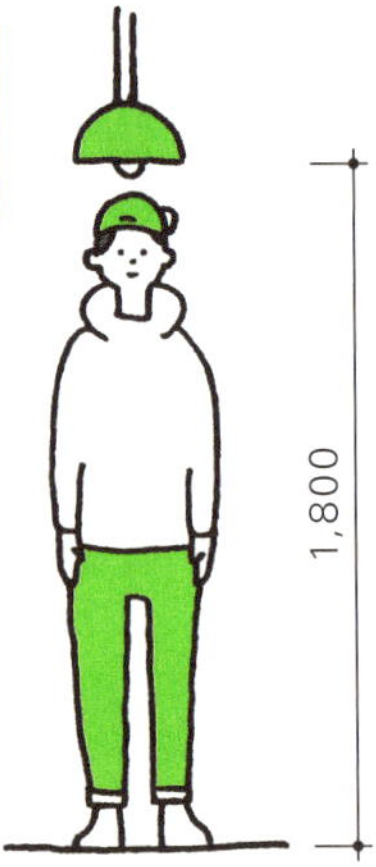

吊戸棚の高さ、コードペンダントの高さは1,800程度。

出入り口

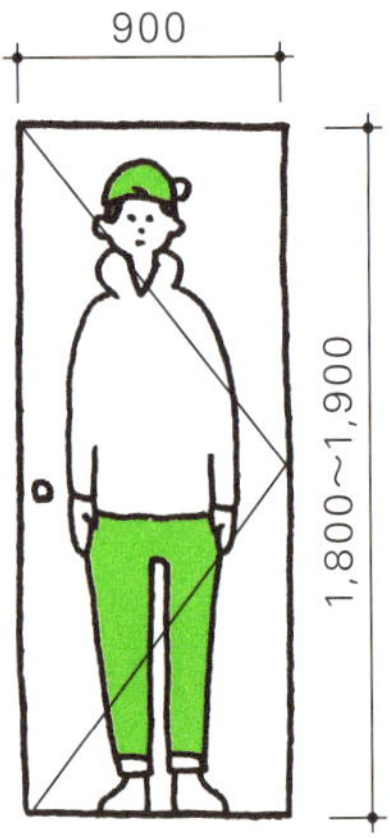

出入り口は人間の身長＋200の1,800〜1,900程度。ベニヤ板一枚が扉の大きさ。

目の高さから決まるもの

1,400

窓は採光や通風などを機能がありますが、その他に室内から外の景色を見るという大切な役割があります。窓の高さは良好な視界を確保するために目の高さを意識した位置に心がけます。

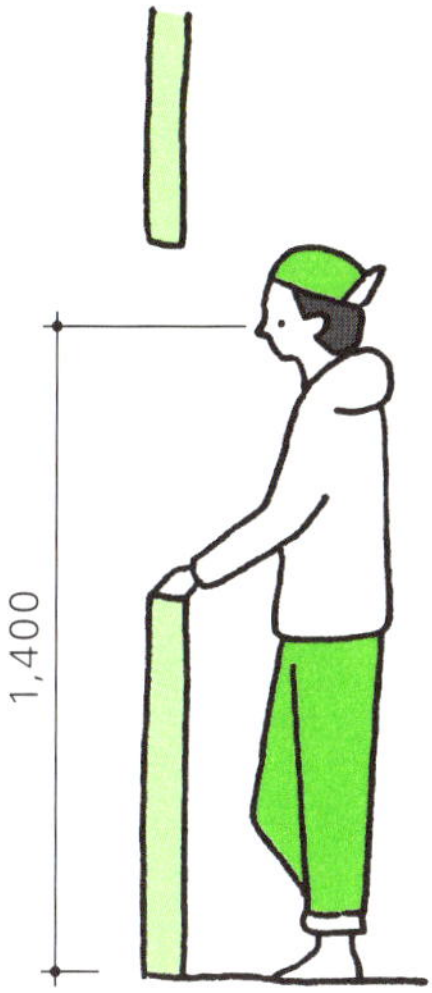

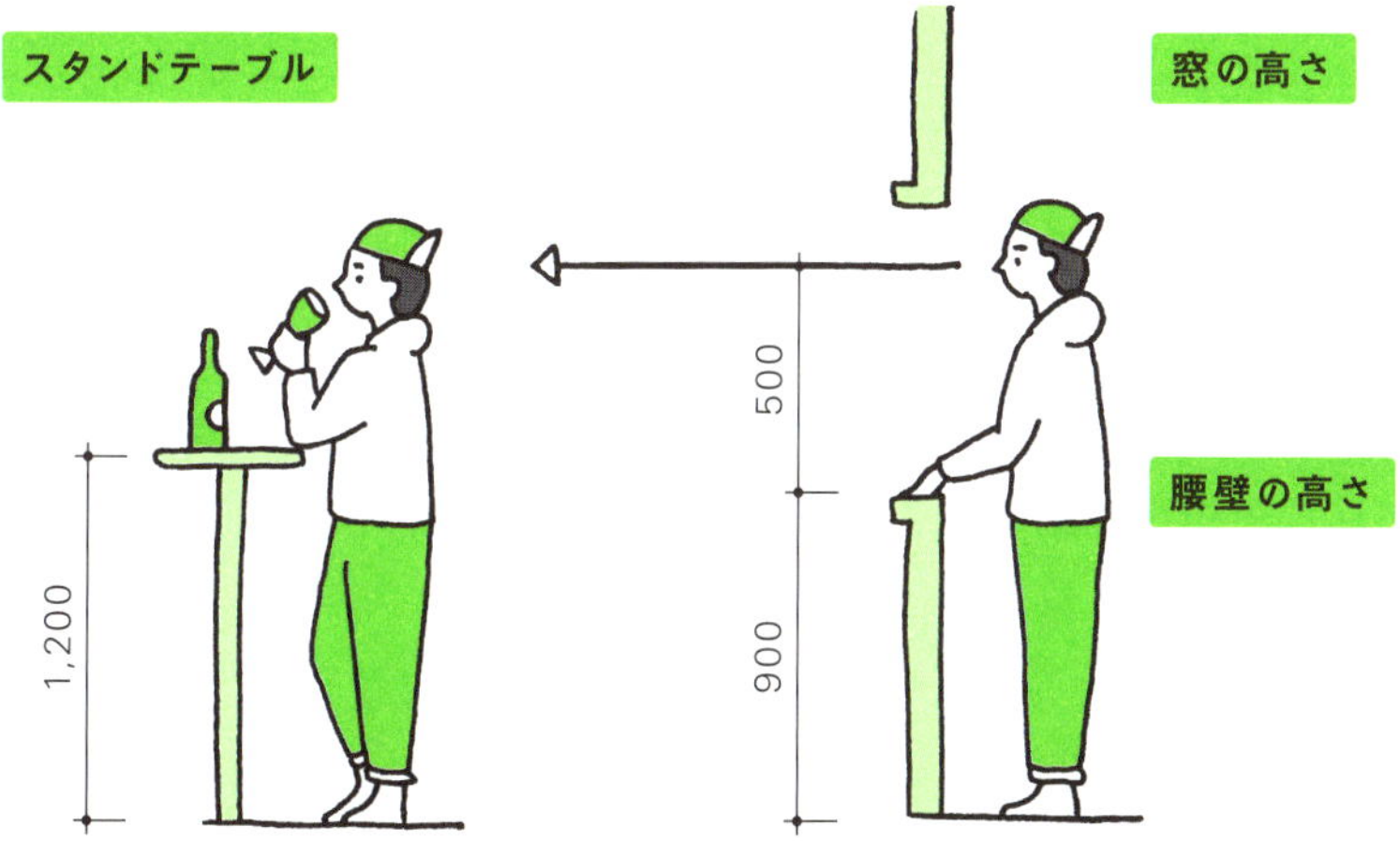

立って飲食をする高いテーブルやカウンターは、胸下の高さ1,200程度。

外を見るための窓の高さは身長を目安に。腰壁の高さは900程度。

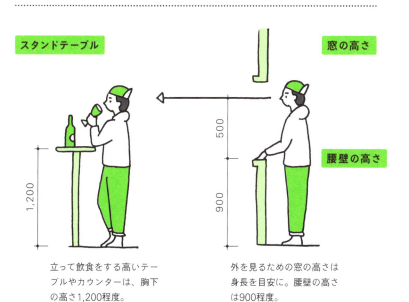

腰を曲げての作業

850+650

腰の高さで決められているものの代表は、台所の調理台やシンクなどです。低すぎても高すぎても作業がしにくく、腰に負担がかかってしまいます。

洗面

洗面器は洗面をするときは腰をかがめた姿勢になるため、腰より低めの750程度。

キッチン調理

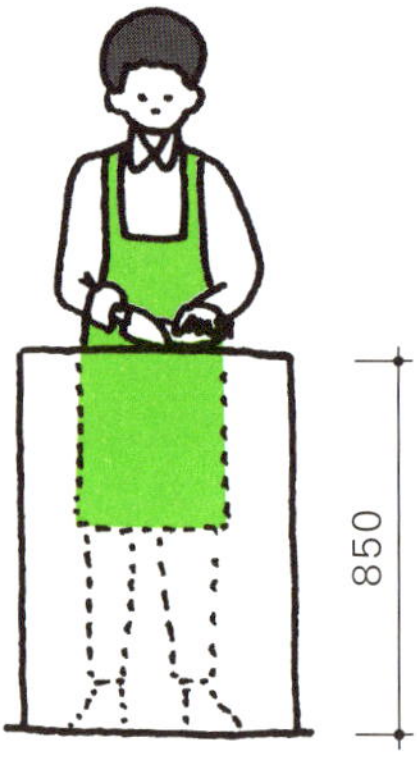

調理台の高さは身長の半分、850程度が使いやすいです。

椅子に座る高さ

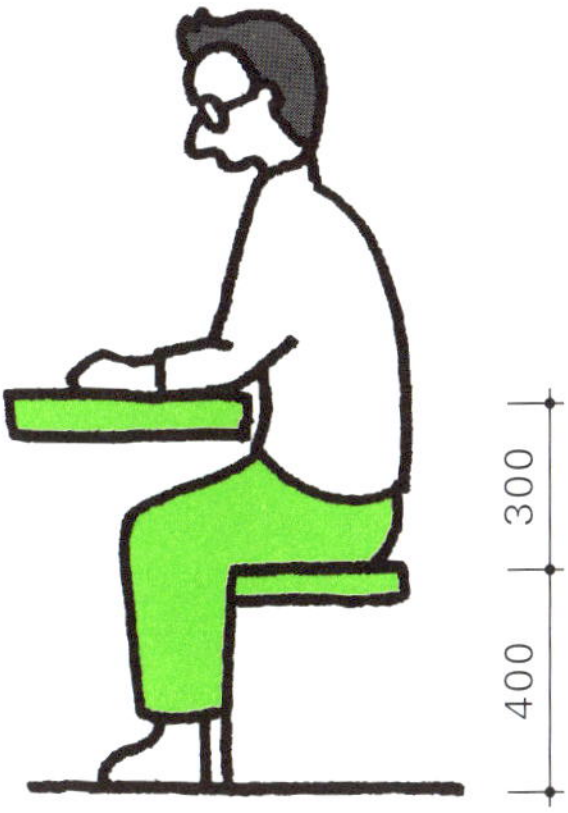

400+300

現代の私たちの生活は椅子座の生活が多くなりました。食事、勉強、読書では椅子に、トイレでは便座に座ります。座の高さは、膝の高さと考えてください。

飲食をする

書きものをする

ティーテーブルの場合は、少し低く500～600でもよいでしょう。

食事や書きものをする際のテーブルの高さは、650～700程度になります。

座る（あぐら）

0

この姿勢は畳の上の生活で、正座やあぐらの姿勢を指します。畳は座る・寝るという行為がスムーズにできるわが国独自の優れた座具であり、床材です。

茶やけいこ事をする

日本古来の茶の湯や華道は畳の上の座る作法が必然。

茶を飲む

床でのあぐらの姿勢を好む人は少なくありません。座卓の高さは400程度。

縁に座る

450

日本の民家では縁側という外とも内部ともつかない曖昧な空間があり、そこでの生活は四季折々さまざまな生活が営まれます。縁側に座って休息する、お客の接待の場などに使われます。家の床の高さが450というのは縁側の生活を考えるとよく理解できます。

縁台でくつろぐ

縁側の高さは椅子の高さが適切ですので、400程度になります。高い場合は沓石などで調整します。

靴を履く

靴を履き、脱ぐ行為は、縁側や玄関の段差の高さが重要で、250程度が目安です。

02
06

「座る」姿勢によって空間の広さが決まる

私たちの日常生活を見てみると、「座る」という行為が多くの時間を占めていることがわかります。食事をする、勉強をする、パソコンで調べものをする、化粧、読書などを考えると、椅子やテーブルとのかかわりをおろそかにできません。身体尺に合った適切な大きさと機能に合った形が求められます。

食事の椅子や勉強のための椅子にはさほど寸法の違いはありませんが、居間のゆっくり体を休めるためのソファは、座の奥行き背もたれの角度が重要です。また、椅子の弾力性や肌触りなどの素材も重要な要因になってきます。

上から見た「座る」姿勢

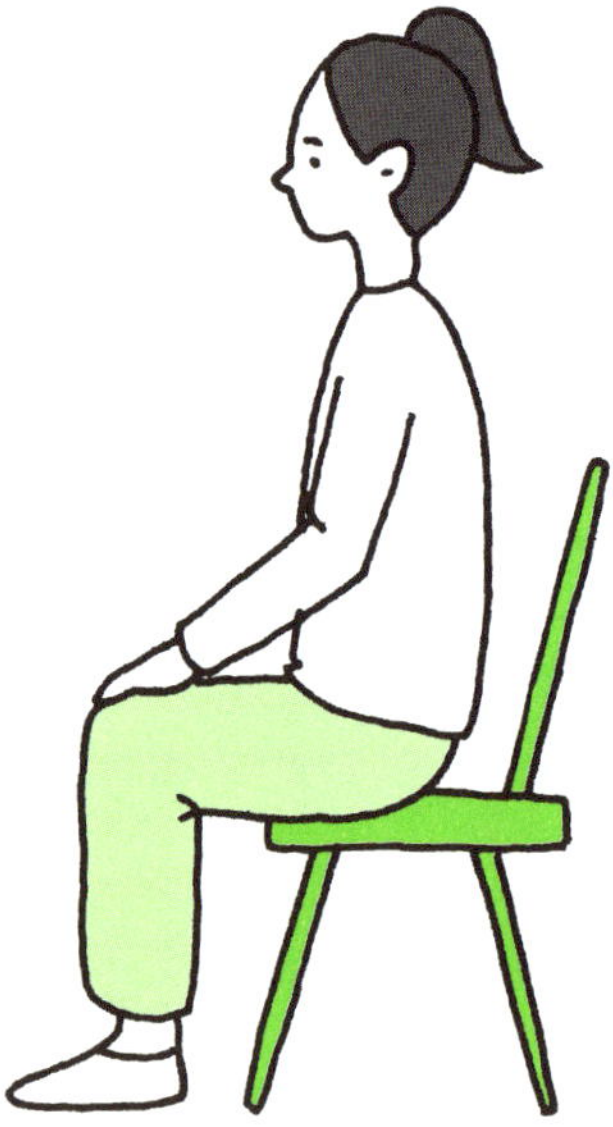

側面から見た「座る」姿勢

生活の中のさまざまな「座る」行為

勉強をする

テーブルに寄りかかる姿勢

食事をする

くつろぐ

座の長さが長くなり
背もたれの角度が
ゆるくなる

排便をする

化粧をする

その他に読書やPCの使用

座る❶ 化粧をする空間を考える

身体寸法と動作空間によって決められたドレッサーと椅子

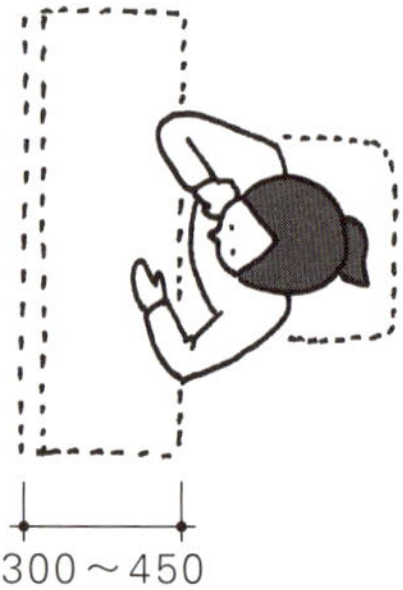

平面

側面

与条件

⇒ 配偶者と同室

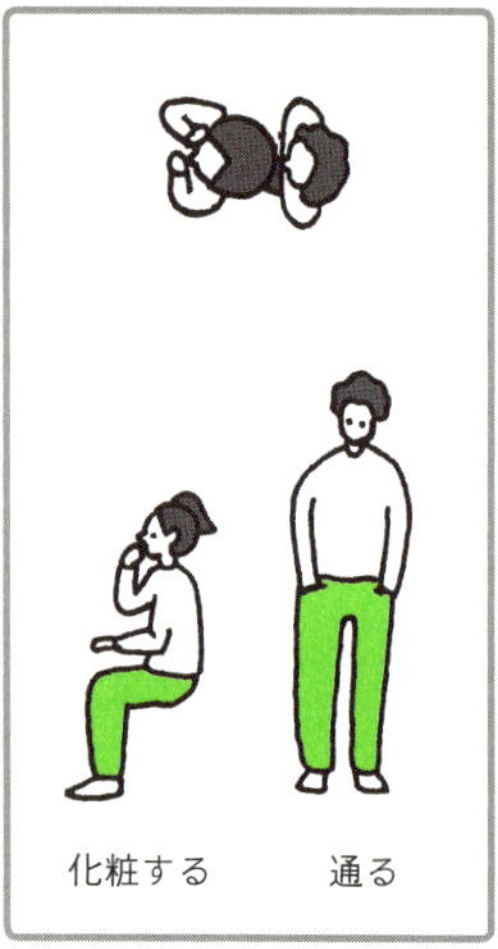

女性にとってこの化粧のための空間は大切です。化粧ばかりでなく、仕事を持った女性はときにパソコンで作業をする場にもなります。

寝室に設けられるため、主要なベッド、クローゼットに占領され、十分なスペースがとれないことが少なくありません。最小限として、半畳分のスペースは確保したいものです。

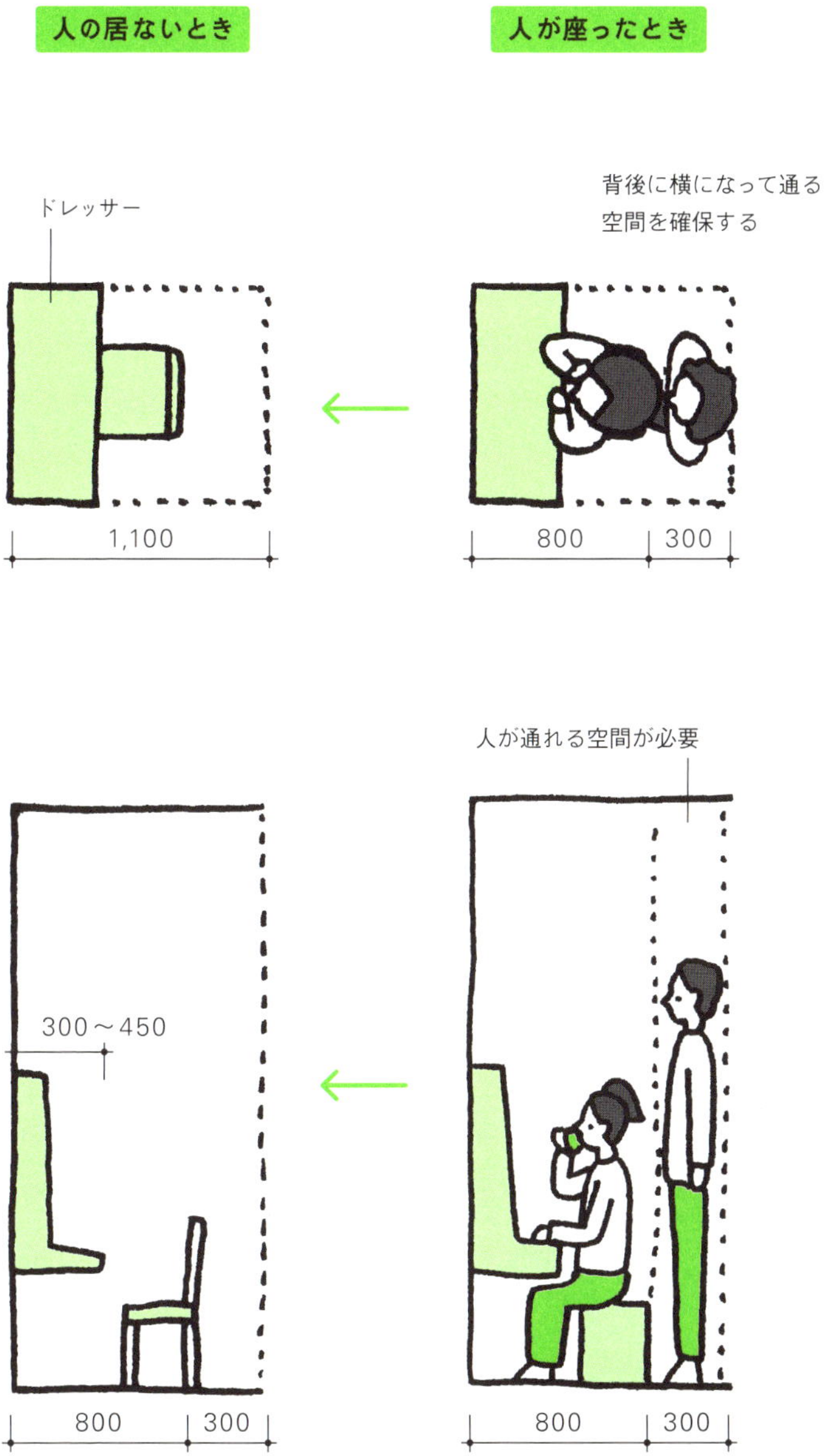
人の居ないとき
人が座ったとき
ドレッサー
1,100
背後に横になって通る
空間を確保する
800
300
300～450
800
300
人が通れる空間が必要
800
300

座る❷ 勉強をする空間を考える

身体寸法と動作空間による机と椅子

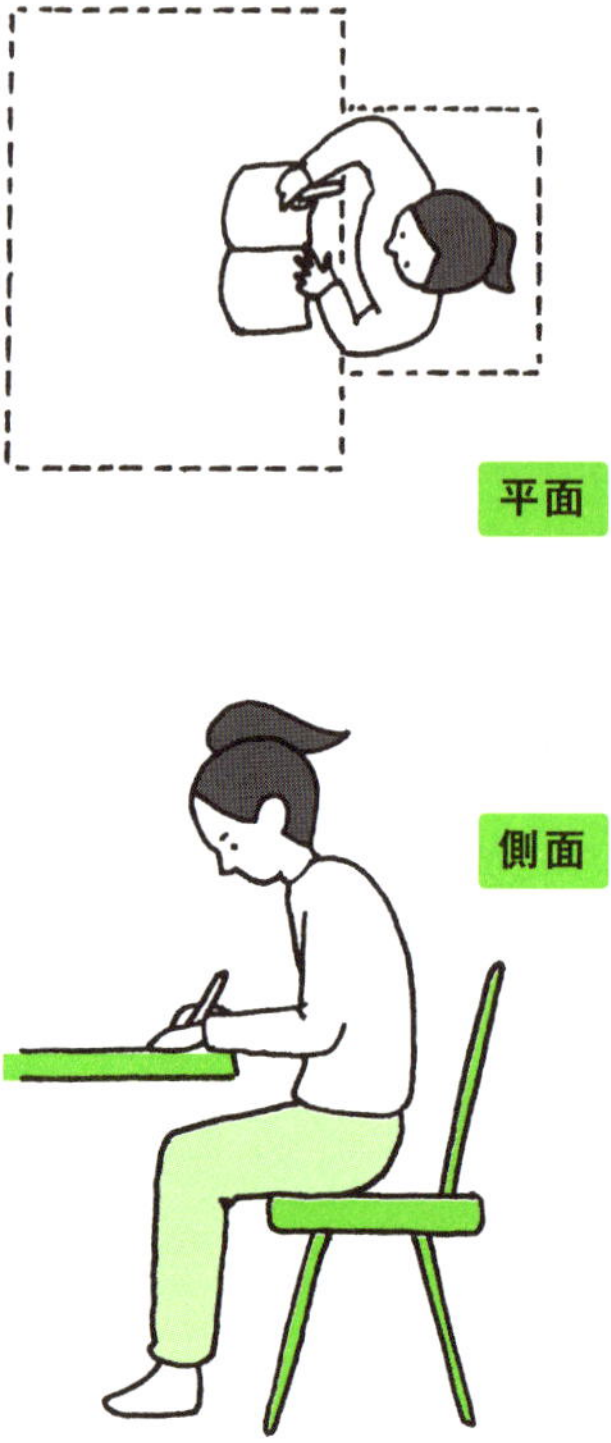

与条件

⇒ 二人横並び

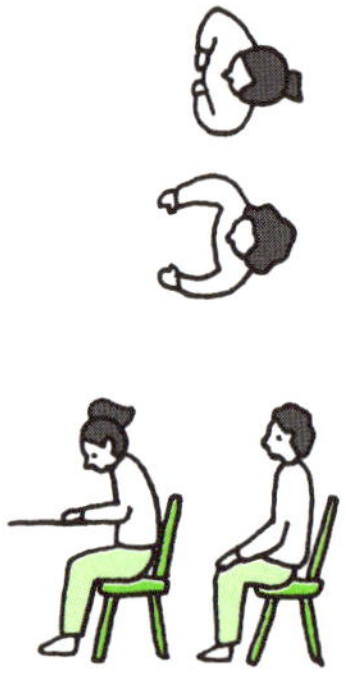

二人用の書斎

勉強するための空間といえば、子ども室か書斎でしょう。働き手のお父さんの書斎よりも子ども室が大きな割合を占めるのは子どもが立派に育ってほしいという親心の表れです。ここでは、小さな書斎を考えます。

勉強のための部屋は「読む、書く」という基本動作の他に、現在ではパソコンという不可欠な機器を操作する場所としても考えなければなりません。また読書や仕事に集中できるように、広すぎず狭すぎないヒューマンスケールの空間が理想です。

ただ、設計で計画されていて

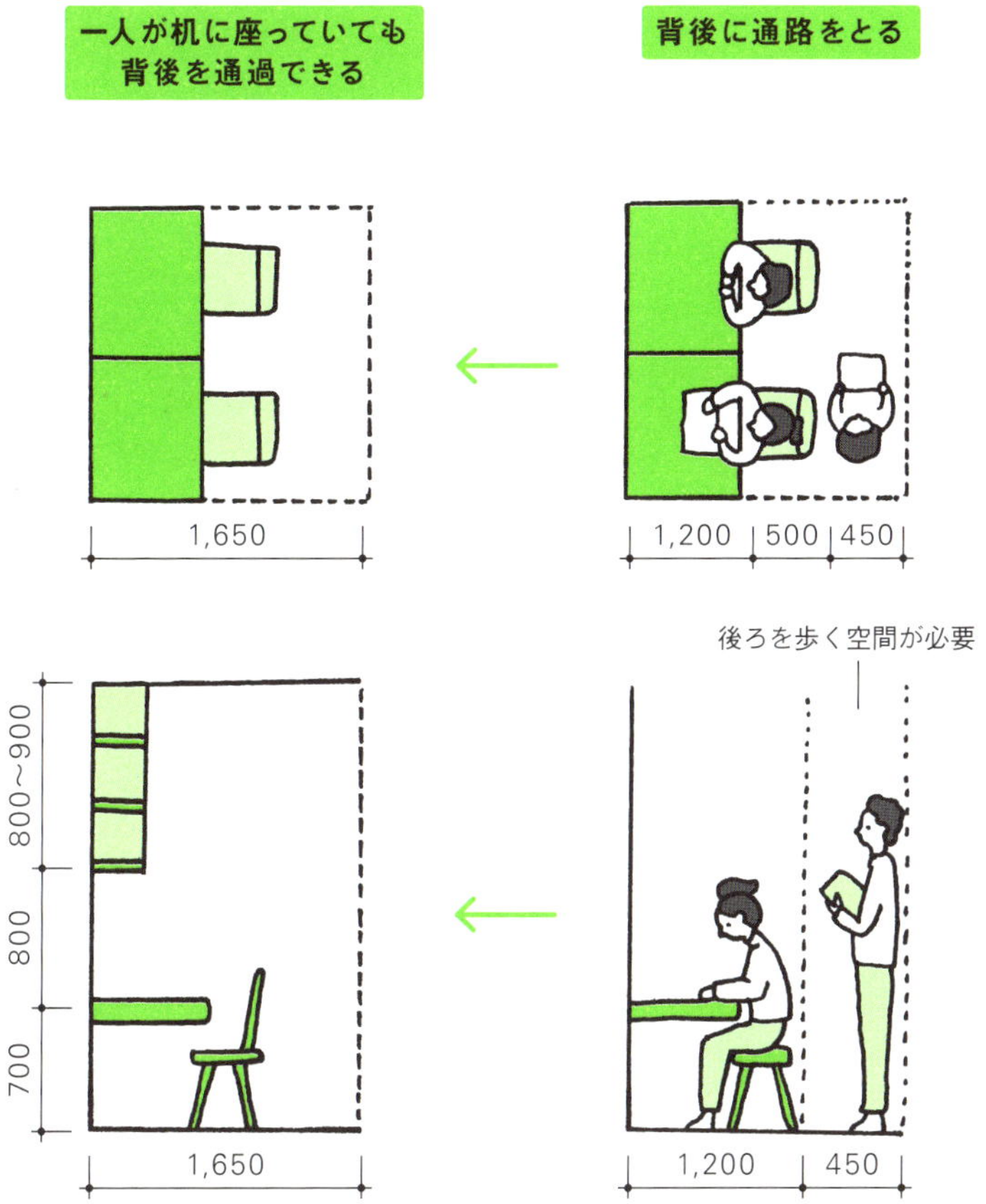

も優先順位は高くなく、設計の段階で外されてしまうことが多くあります。そんなときは、ちょっとした廊下の突き当たりや階段室の片隅に、テーブルと椅子、書棚を設けた簡単なものでもよいので、一人でゆっくりできる場を考えてみてください。

座る③ 食事をする空間を考える

身体寸法と動作空間による食卓と椅子

与条件

⇒ 四人の食卓と食事室

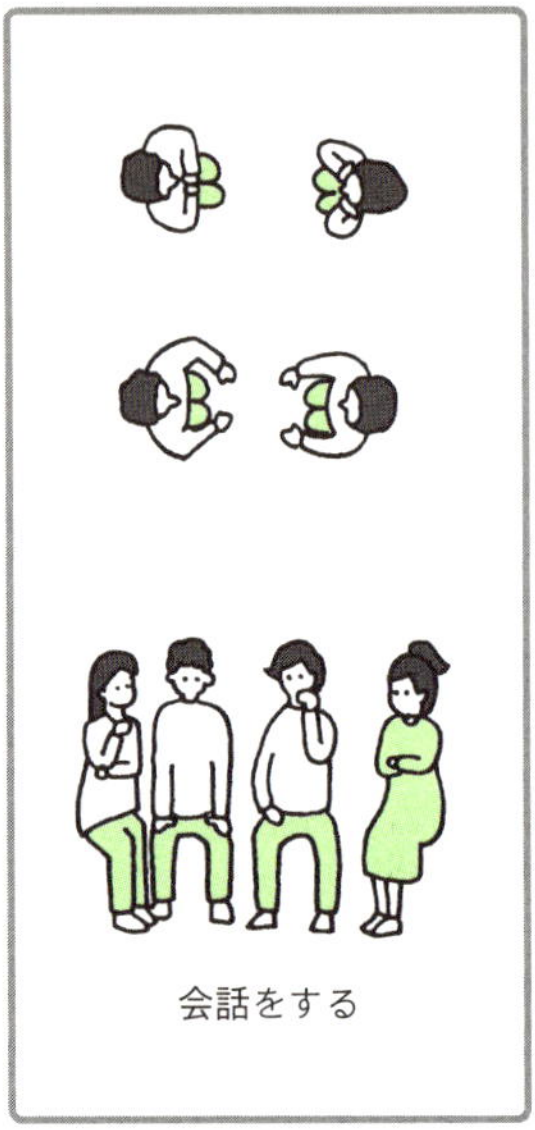

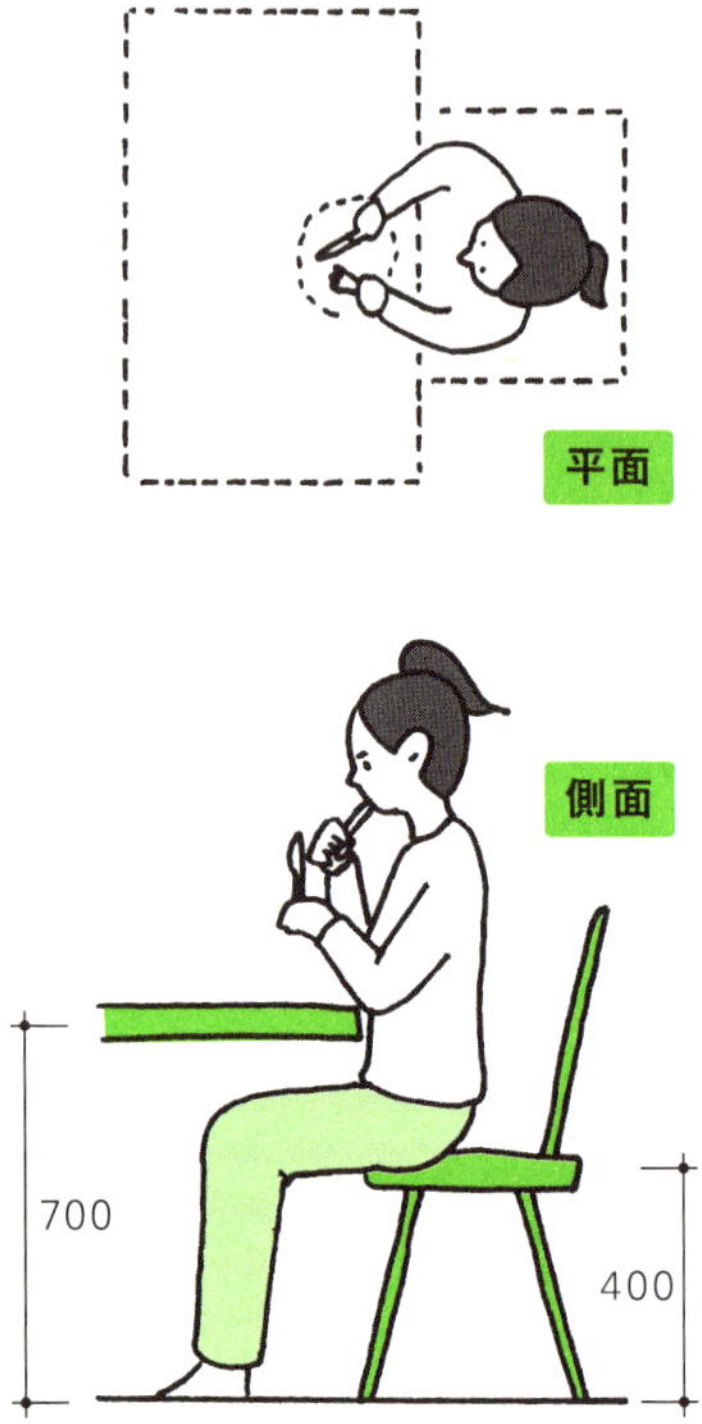

食事をする空間は家族にとって、もっとも重要な部屋の一つです。食事をする場だけでなく、家族揃って団らんをする場でもあるからです。

家族によっては、居間よりも食事室の方が一緒に過ごす時間も多く、話し合いの機会と家族の絆を深める役割が多いともいわれています。食事をするという機能に会話をする、さらに、台所とのかかわりで調理をするなどの機能が加わると、生活する上でもっとも密度の高い重要なスペースといえます。

周囲に通路空間をとる
基本的な食事室

食卓の周囲を人が
ゆとりをもって歩ける広さ

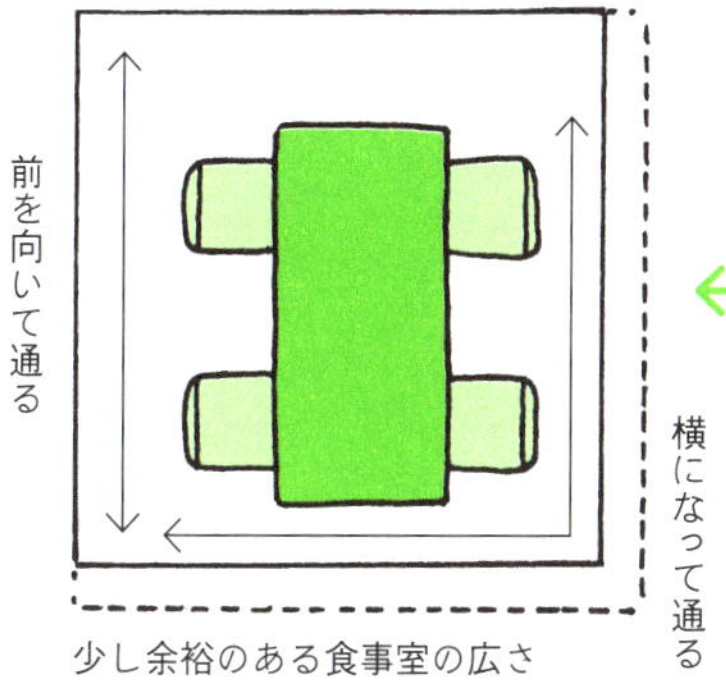

少々窮屈な広さ

食事室の標準的な広さ

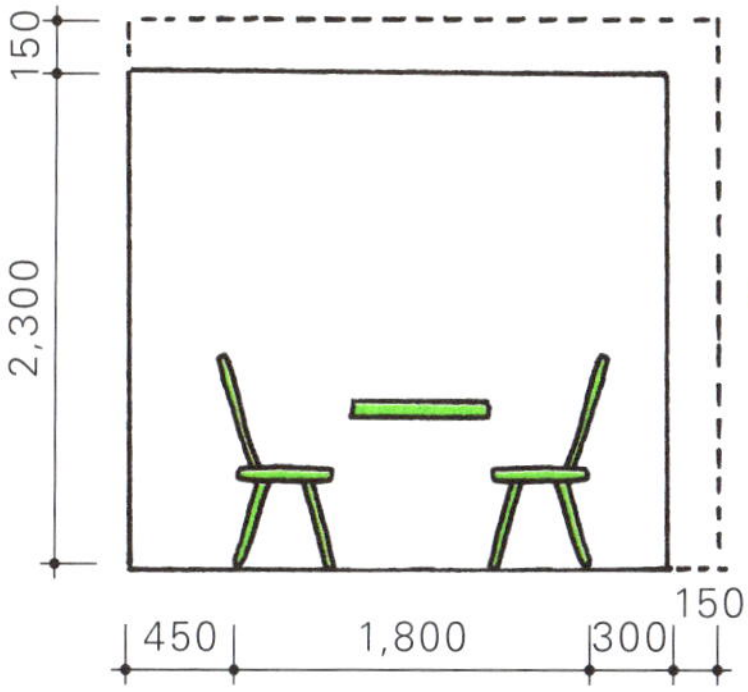

02 07

「横になる」姿勢によって空間の広さが決まる

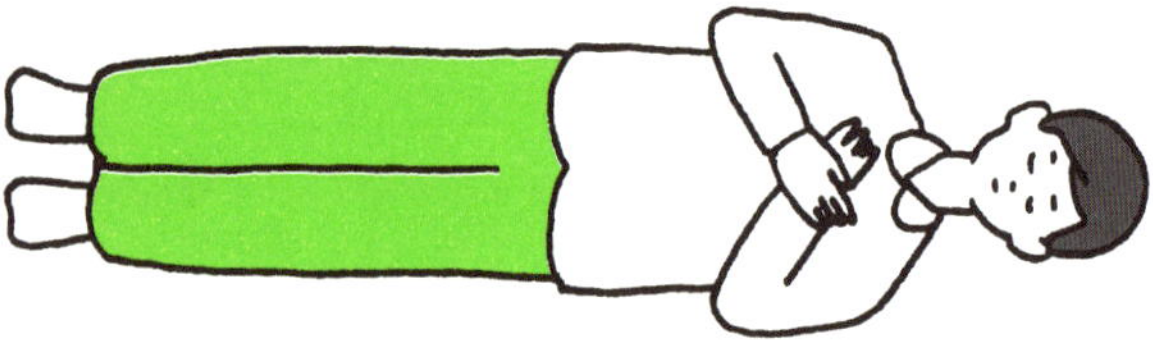

上から見た「横になる」姿勢

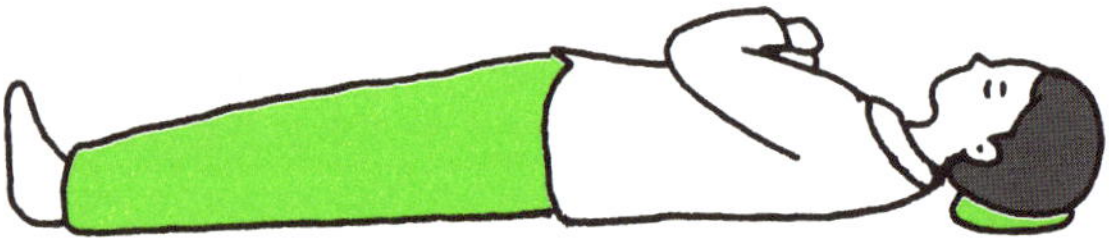

側面から見た「横になる」姿勢

「横になる」姿勢は人間にとって、身体的にも精神的にももっとも休まる姿勢です。安眠をする場合もそうですが、病に臥せる場合も「横になる」のは、身体が一番休まり楽だからです。いいかえれば、人間が生きていく上でもっともエネルギーの消耗が少ない姿勢といえます。

ほぼ水平な「横のなる」姿勢だけでなく、少し上半身を起こした姿勢も日常生活の中で少なくありません。居間の椅子などは、読書をする際によく用いられますし、ベッドで眠るまでもないときの仮眠によく利用され

生活の中のさまざまな「横になる」行為

眠る

臥せる

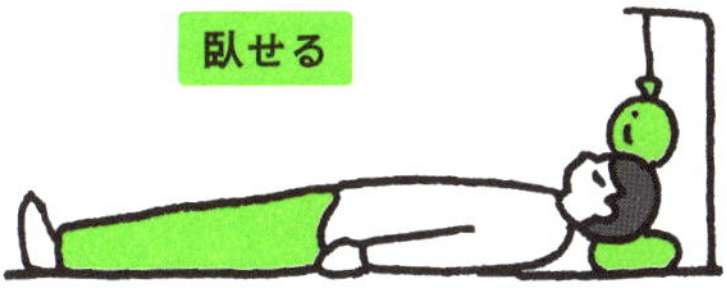

休む

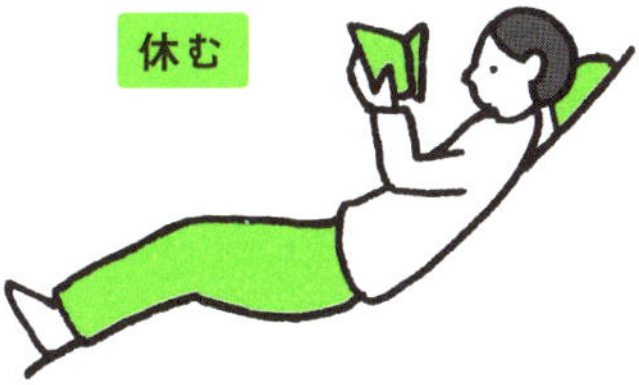

ロッキングチェア・安楽椅子

浴する

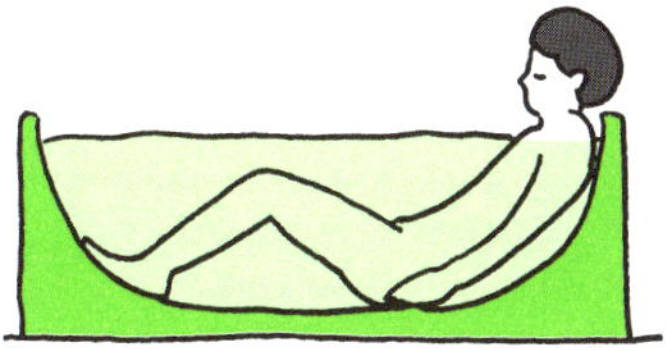

浴槽

るのは、楽な姿勢のためです。

また、「横になる」姿勢のシーンとしては入浴が挙げられるでしょう。特に体を伸ばして入る洋バス形式の浴槽は入浴による身体の洗浄効果の他に、肉体的にも精神的にもリラクゼーションの上で大きな役割を果たします。

就寝時の動作・行為

横になる❶ ベッドの大きさを考える

与条件

ベッドの大きさ、すなわちスケールはどのように考えればよいのでしょうか。

まず、身長と肩幅が基本になります。しかし、人間は眠っている間も常に動きます。寝相といわれる姿勢の変化で、人それぞれ動きもその範囲も違います。一人一人の寝相に合わせてベッドをつくるわけにはいきませんので、そこでごく一般的な寝返りができる寸法で既製のベッドはできています。二人用のダブル、体格のよい人用のクイーンサイズ、さらに大きいキングサイズがあります。

長さは自分の身長に＋300ミリ、横幅は肩幅を2倍にした寸法にすれば、ほぼ既製のベッドの大きさになるはずです。

ベッドのサイズ

ダブルベッド

シングルベッド

キングサイズ

クイーンサイズ

02 07

横になる❷ 浴槽の大きさを考える

「横になる」姿勢の一つに入浴があります。浴槽は主に洋バス形式のものになりますが、入浴が健康衛生上の効果ばかりでなく、肉体的にも精神的にもリラックスできる場として重要視されてきています。お湯が貴重な時代では、浴槽は体全体が浸かるように効率よく、しかもリラックスできる洋バスの形ができあがったと思います。

和風の浴槽は風呂桶タイプの深いもので、足を曲げて入るのが一般的です。

入浴時の動作・行為

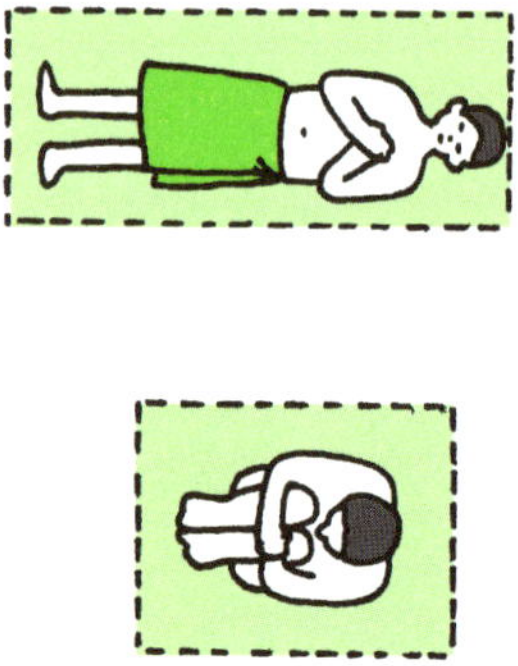

与条件

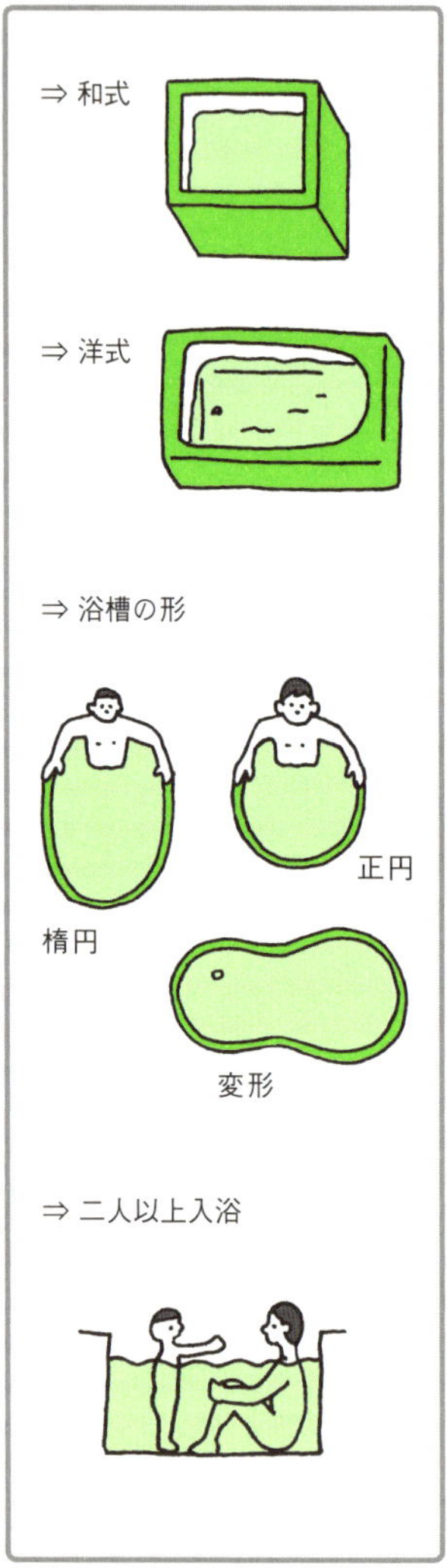

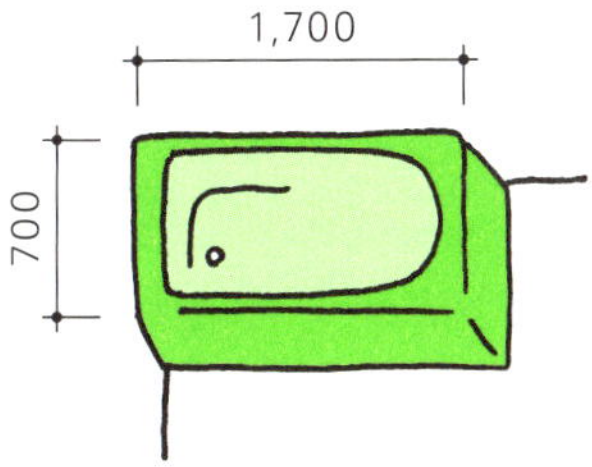
1,700
700

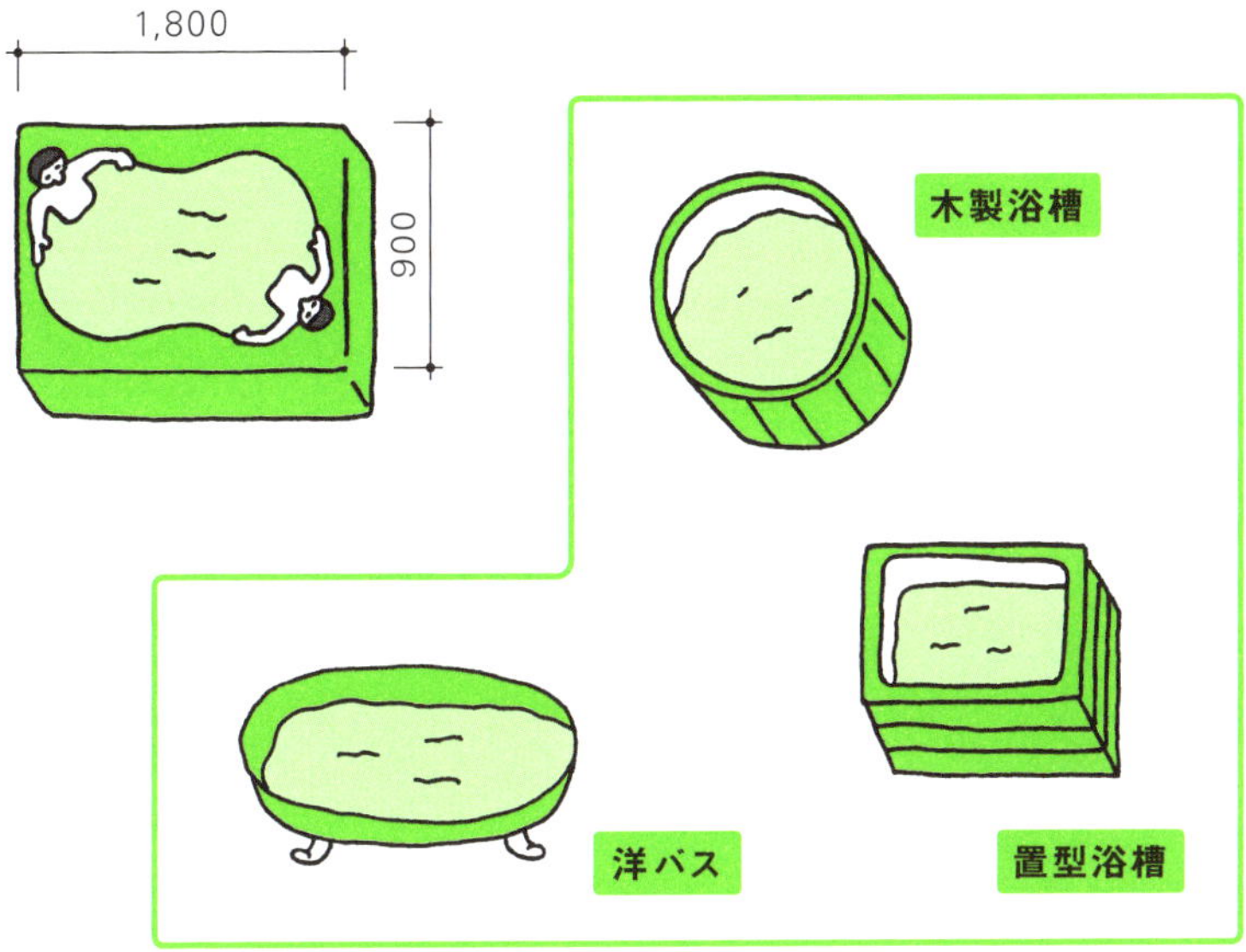
1,800
900
木製浴槽
洋バス
置型浴槽

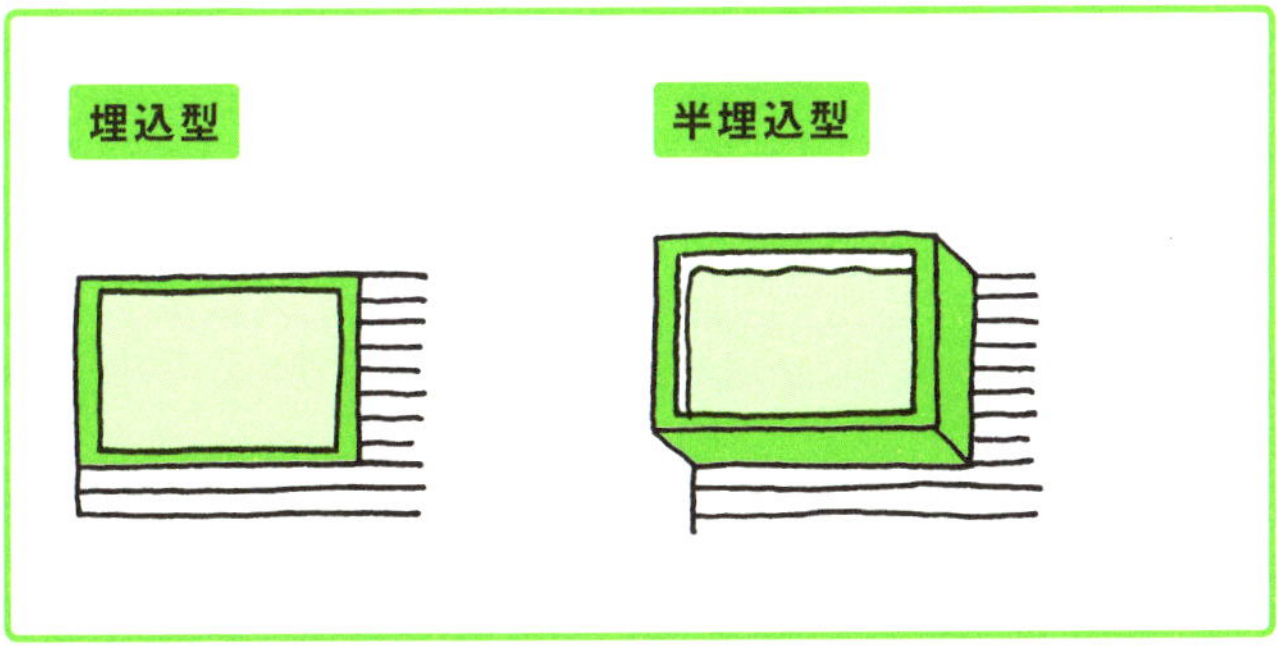
埋込型
半埋込型

02 08

「立つ」姿勢によって空間の高さが決まる

「立つ」姿勢によって決まるものは、空間の高さに関する寸法でしょう。

基本的には出入り口の高さや窓の高さなどですが、調理機器や仕事の作業台の高さは疲労度や作業効率に影響を与えるので、慎重に決めなければなりません。そして天井の高さは高すぎれば開放感が味わえるものの、落ち着けない空間になり、低すぎれば強い圧迫感が生じます。部屋の広さと天井の高さは重要ですので、居心地のよい高さを体験したならば、その空間の寸法を測り、スケール感を養ってください。

生活の中のさまざまな「立つ」行為

立つ❶ 調理機器収納の大きさを考える

台所仕事の動作・行為

立って作業することの多い台所は、調理、食器洗い、食器用具を収納するなど、ハードな労力を必要とします。できるだけその労力を軽減するために、調理器具は疲労度の少ない形と配列が求められます。特にシンクやコンロなどの高さは疲労や腰痛などと関係してくるので、スケールに合った物を選択しなければなりません。

与条件

⇒体格差による機器の高さ

使用人数
⇒一人 or 複数

キッチンの奥行き

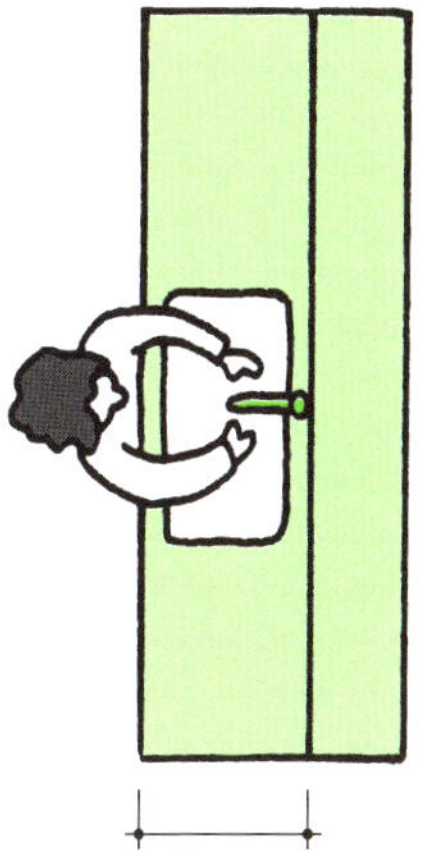

キッチンの作業範囲

キッチンの高さ

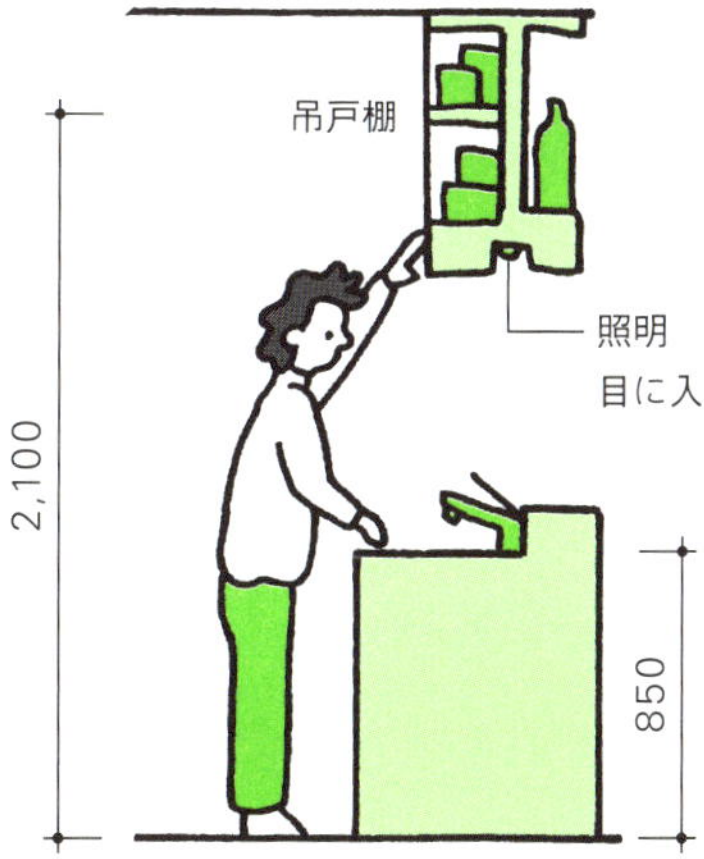

収納の高さ

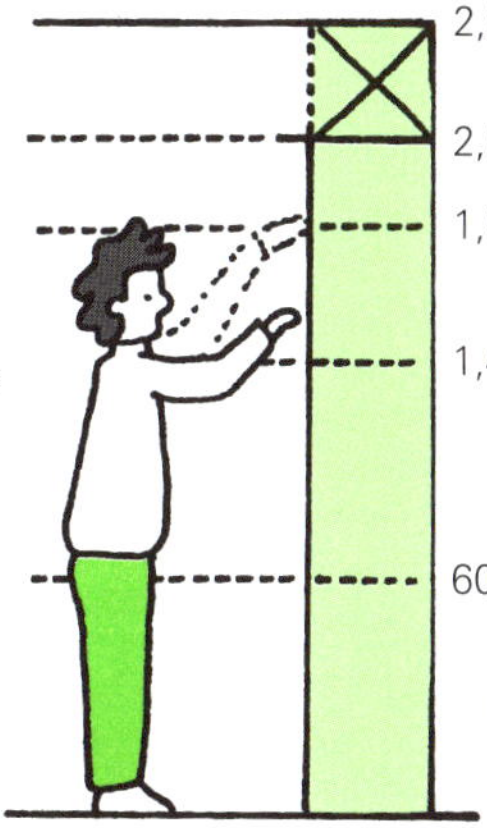

02 08

立つ❷ 開口部や手摺の高さを考える

立つ動作・行為

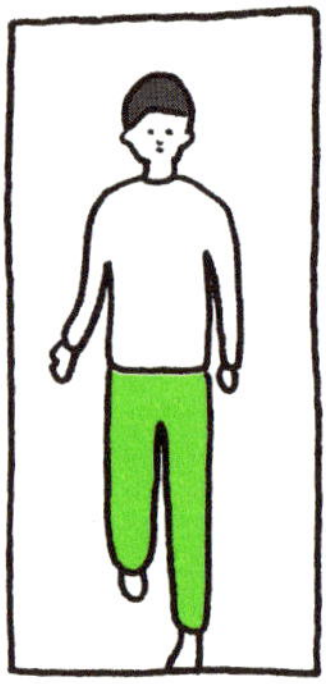

出入りするための扉は人間ばかりでなく、家具などの搬出・搬入が必要ですから、それらがスムーズに行える寸法を確保しなければなりません。

窓は、外の景色を眺めたり、光や新鮮な風を取り入れるために重要な役割を担っています。窓の高さや開閉のしやすさ、ベランダの手摺の高さなどは身体尺をもとに、安全性も考慮しなければなりません。

考えるべきこと

眺望ピクチャウインドウ

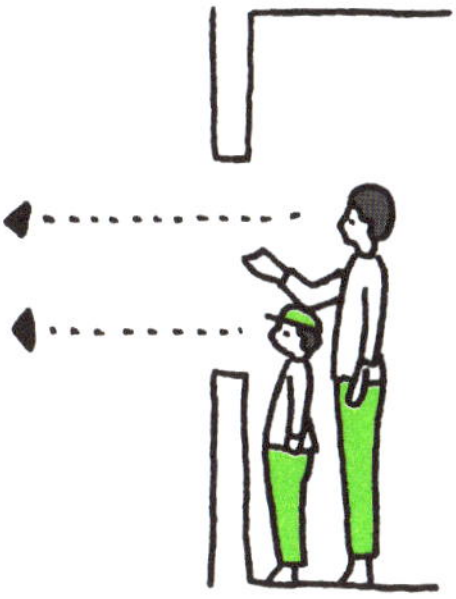

大きい家具などの搬入搬出

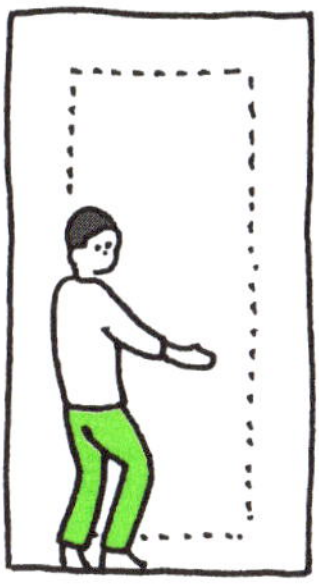

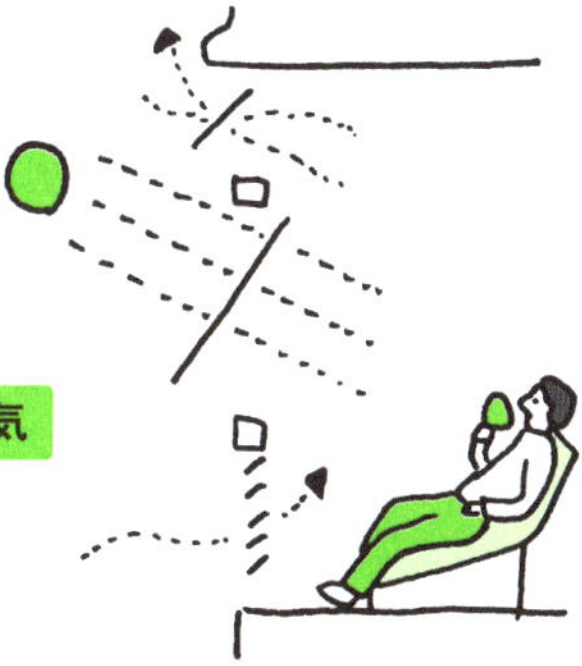

採光、通風、換気

階段の蹴上と天井と手摺の高さ

プライバシーの保護と通風、換気

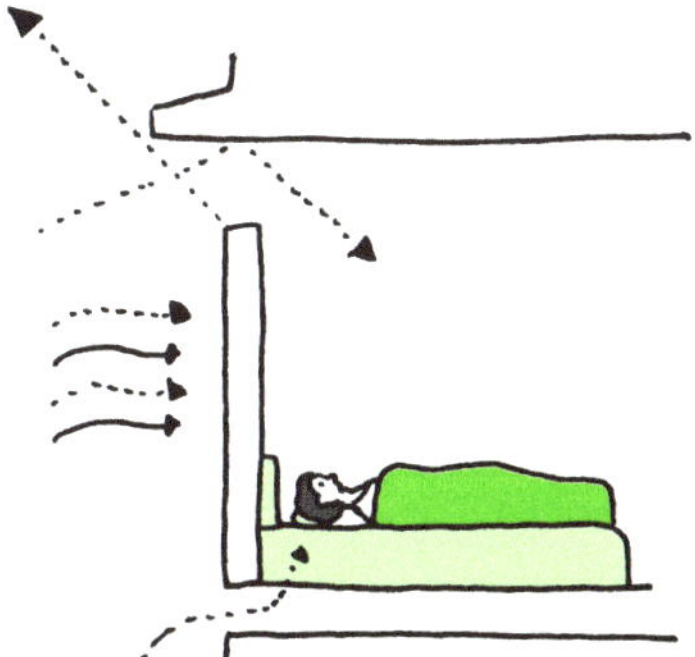

椅子の法則（椅子からベッドへ）

座と背、脚の関係

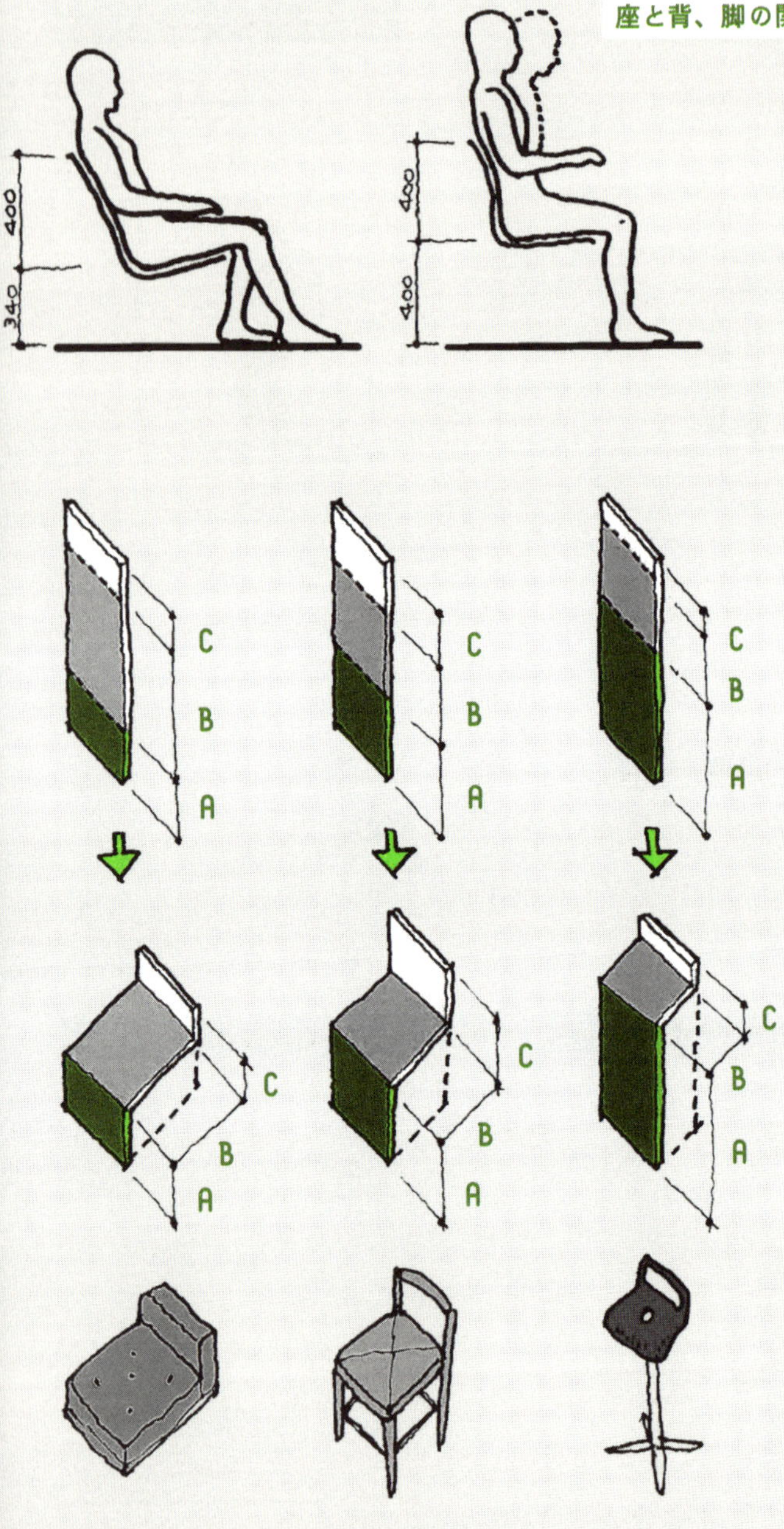

椅子は、「脚、座、背」の三つの要素で構成されています。興味深いのは、椅子の基本的な形態にこれらの三つの要素のスケールにおいて、ある法則性が認められるのです。脚は座の高さを(A)、座の奥行きを(B)、背もたれの高さを(C)とすると、

A+B+C=1200~1300ミリ

という法則が見えてきます。

寝椅子の場合もこの法則が適用できる場合もありますが、よりリラックスできる大型の寝椅子は水平のベッドに近いスケールになるはずです。

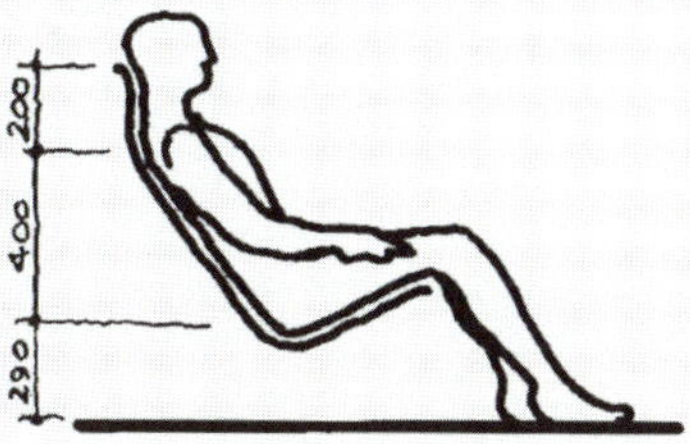

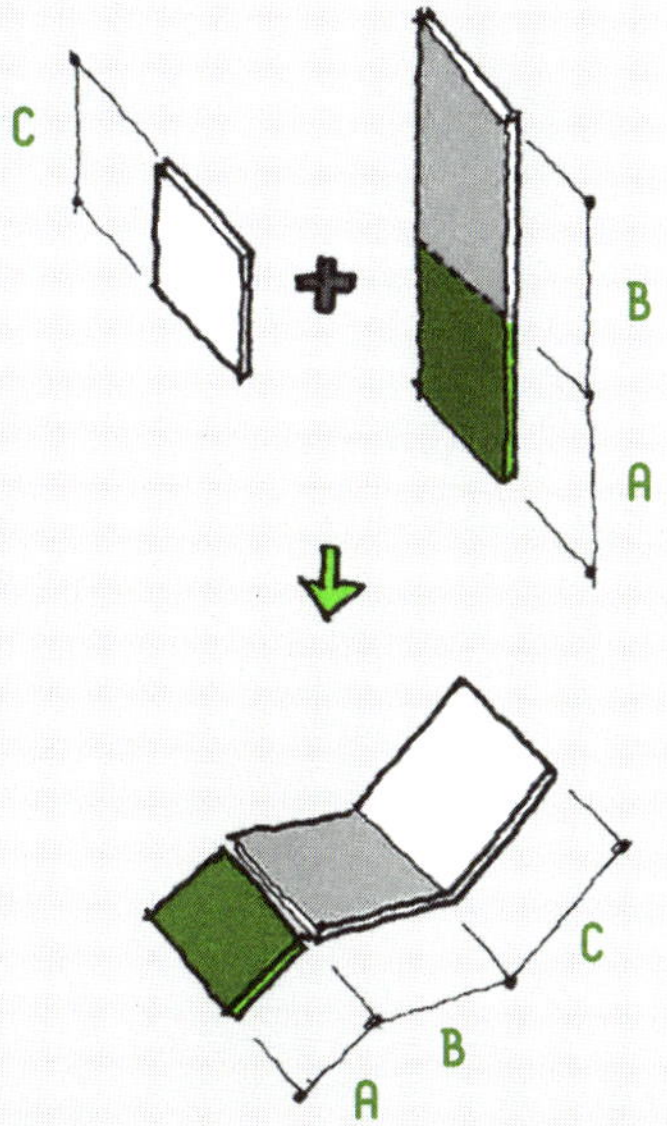

椅子の法則

A+B+C = 1,200〜1,300

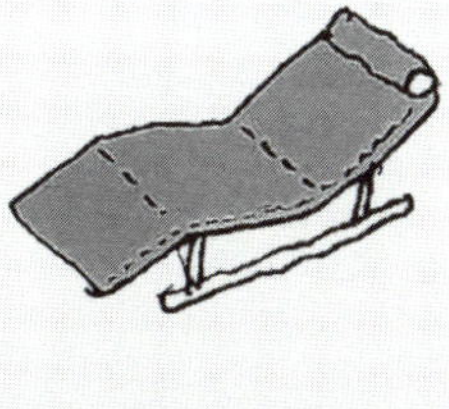

02 09

家具と部屋／機器と部屋のあいだの空間

部屋の広さは、その部屋で生活する用途と人数、そして必要とされる家具などの大きさで決まります。

トイレの広さを考える

たとえば、トイレは便器の大きさと、その周りには工事やメンテナンス・掃除をするために必要なスペース、そして用を足すための動作空間、すなわち「アキ」が必要です。

その「アキ」を自分自身の身体尺とその家具や機器を使うことを実際にイメージしながら部屋の広さを考えてみてください。

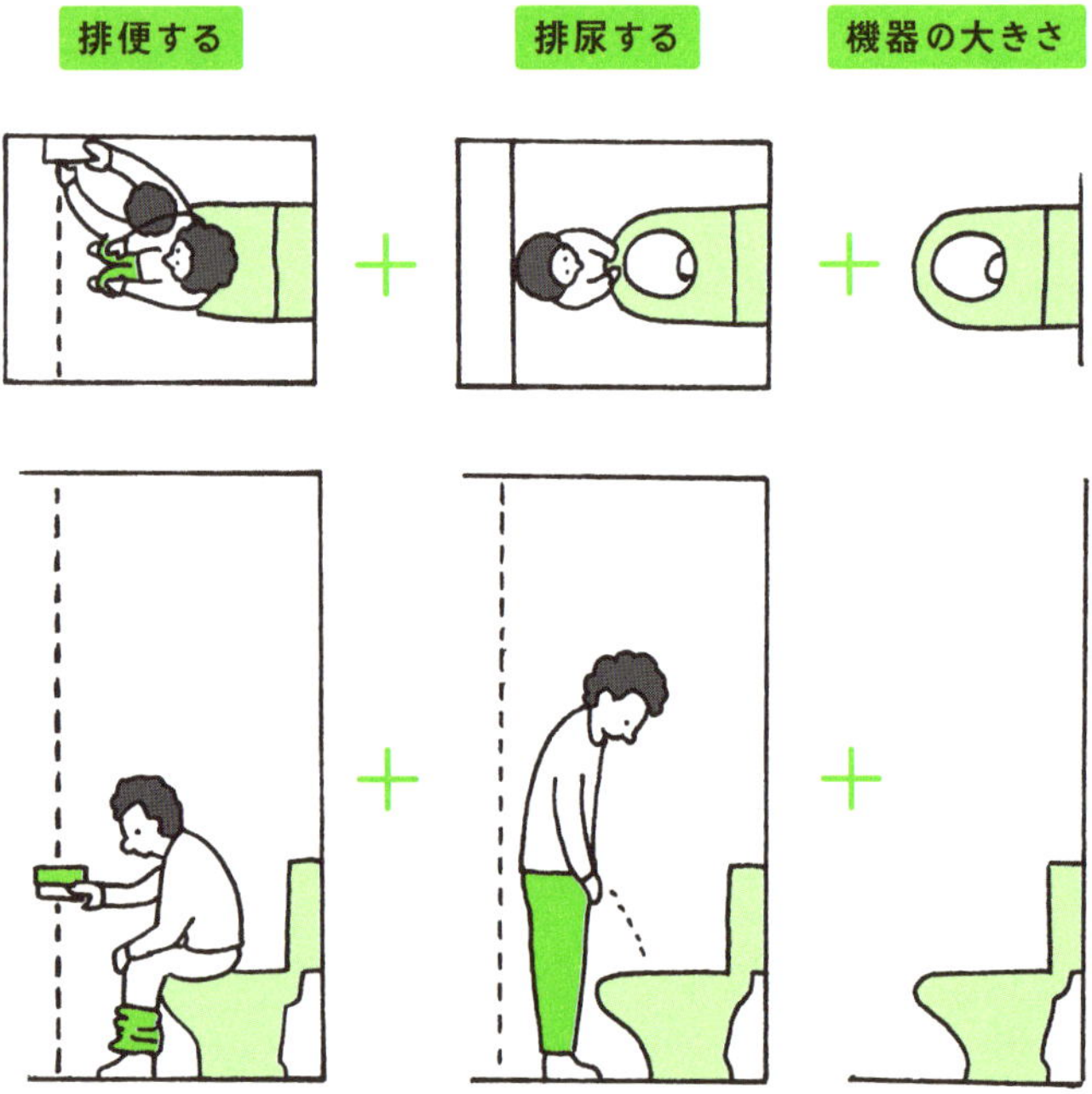

トイレの動作と機器の関係

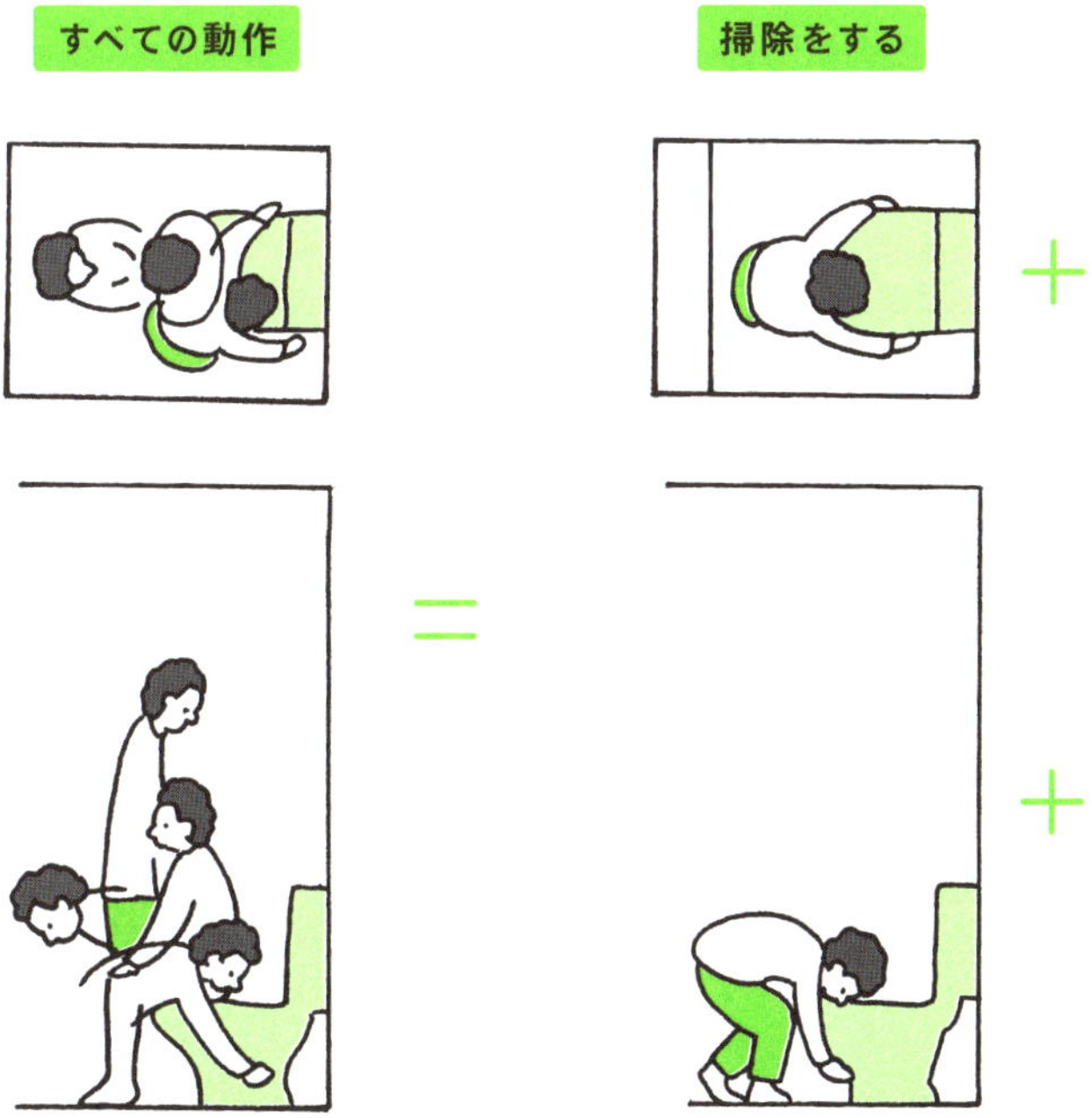

02
09

寝室の広さを考える

寝室にベッドを使用する家族が多くなりました。ベッドを置くスペースの他に、ベッドメーキングや清掃などのためのスペースが必要です。さまざまな目的を行うにはどのような姿勢で行うのかを具体的に検討し、寝室全体のスペースを考えてください。

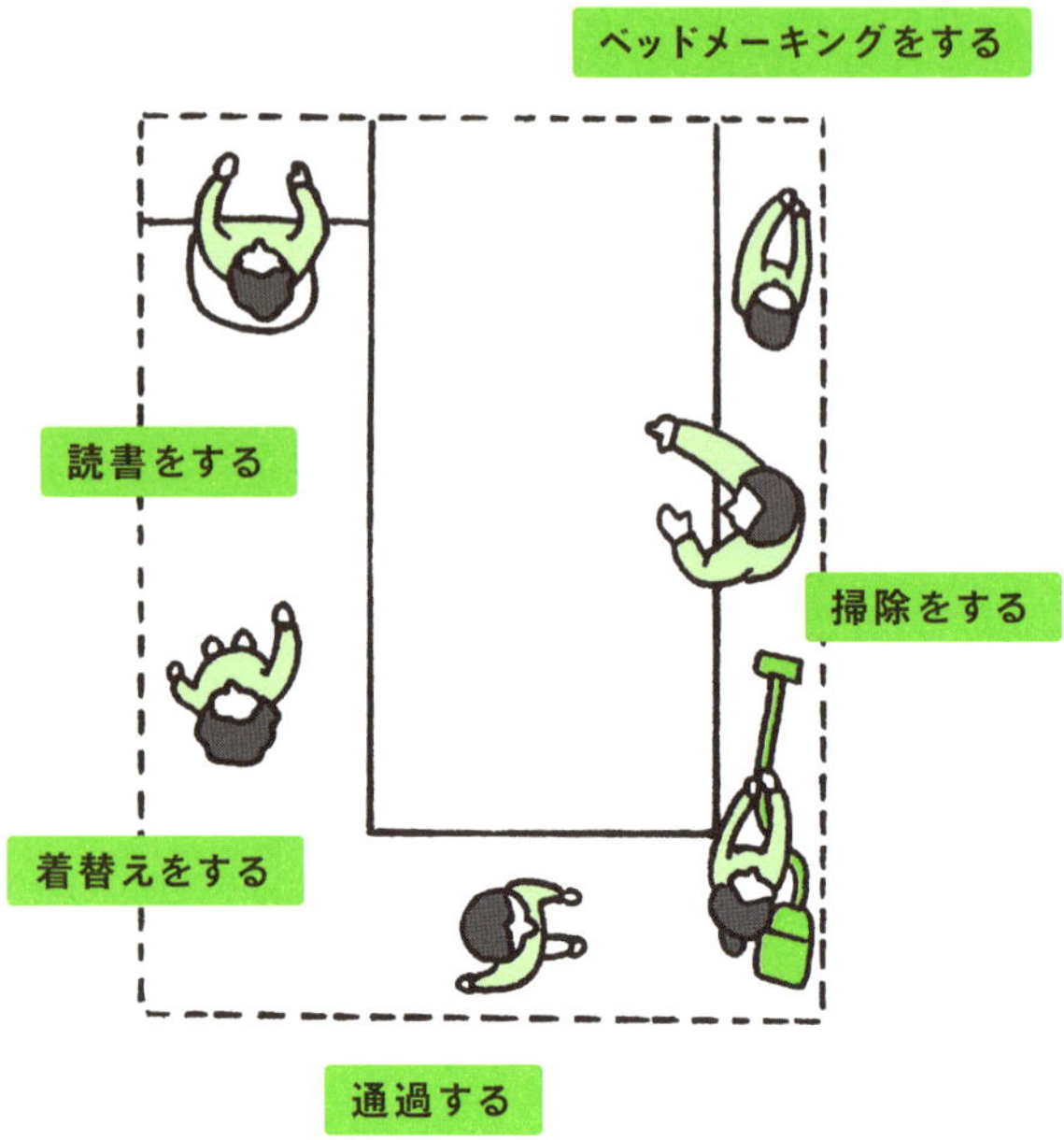

寝室の一例

平面図

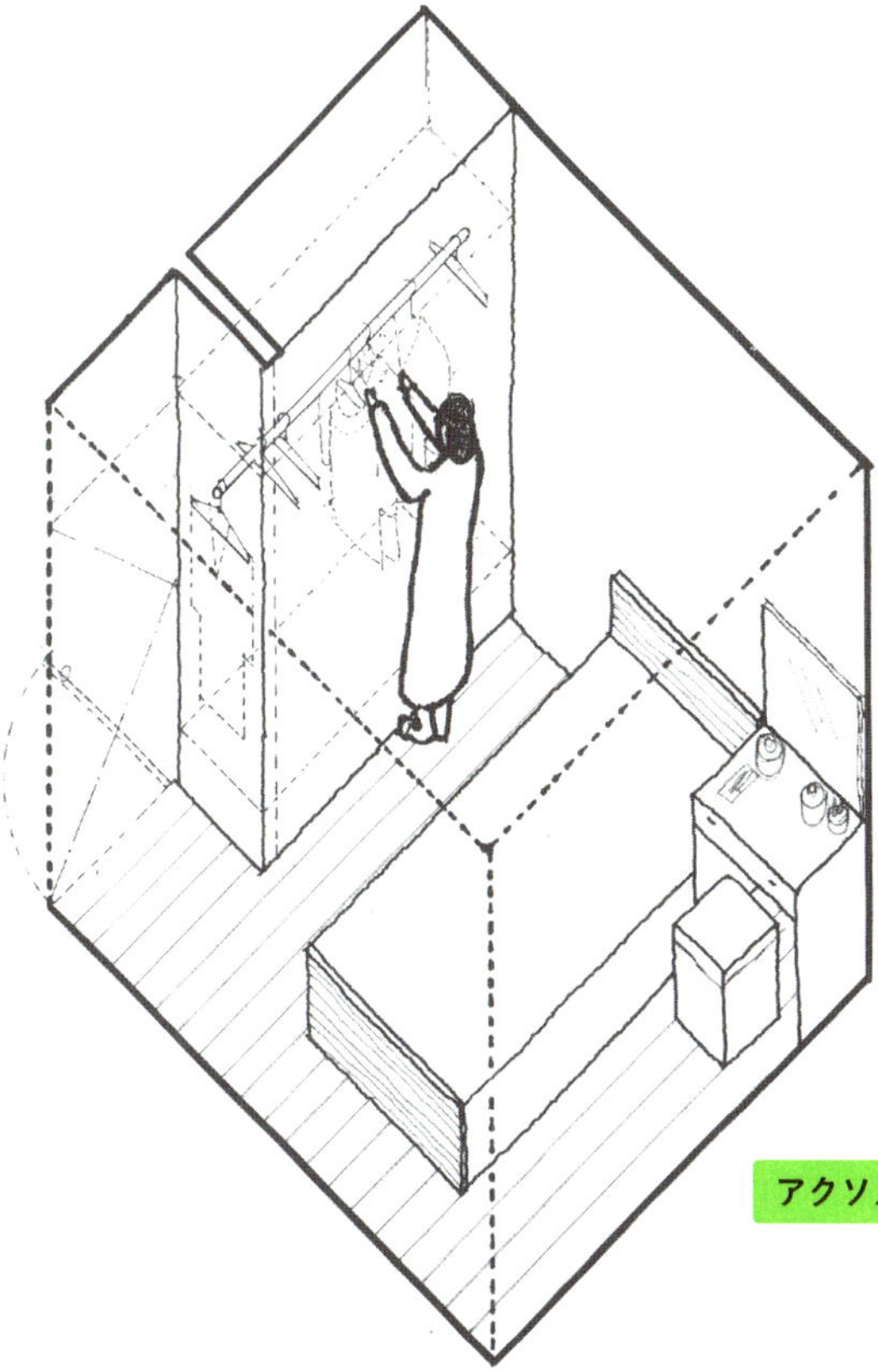

アクソノ

和室はスケール感の源!?

和室は空間認識の宝庫

一般に和風建築は、茶室に代表される数寄屋造りと書院造りを指します。そして和風建築で真っ先に思い描くアイテムは、障子や襖、床の間、そして畳でしょう。

千利休のつくった「待庵」はわずか二畳の空間ながら、主人と客の二人が対峙する濃密な空間です。空間の豊かさや居心地のよさは広さだけではないことを「待庵」は教えてくれます。

畳は関西や関東など地域によってその大きさに違いがありますが、おおよそ900×1800と覚えておいてください。です

待庵はたった二畳の濃密空間

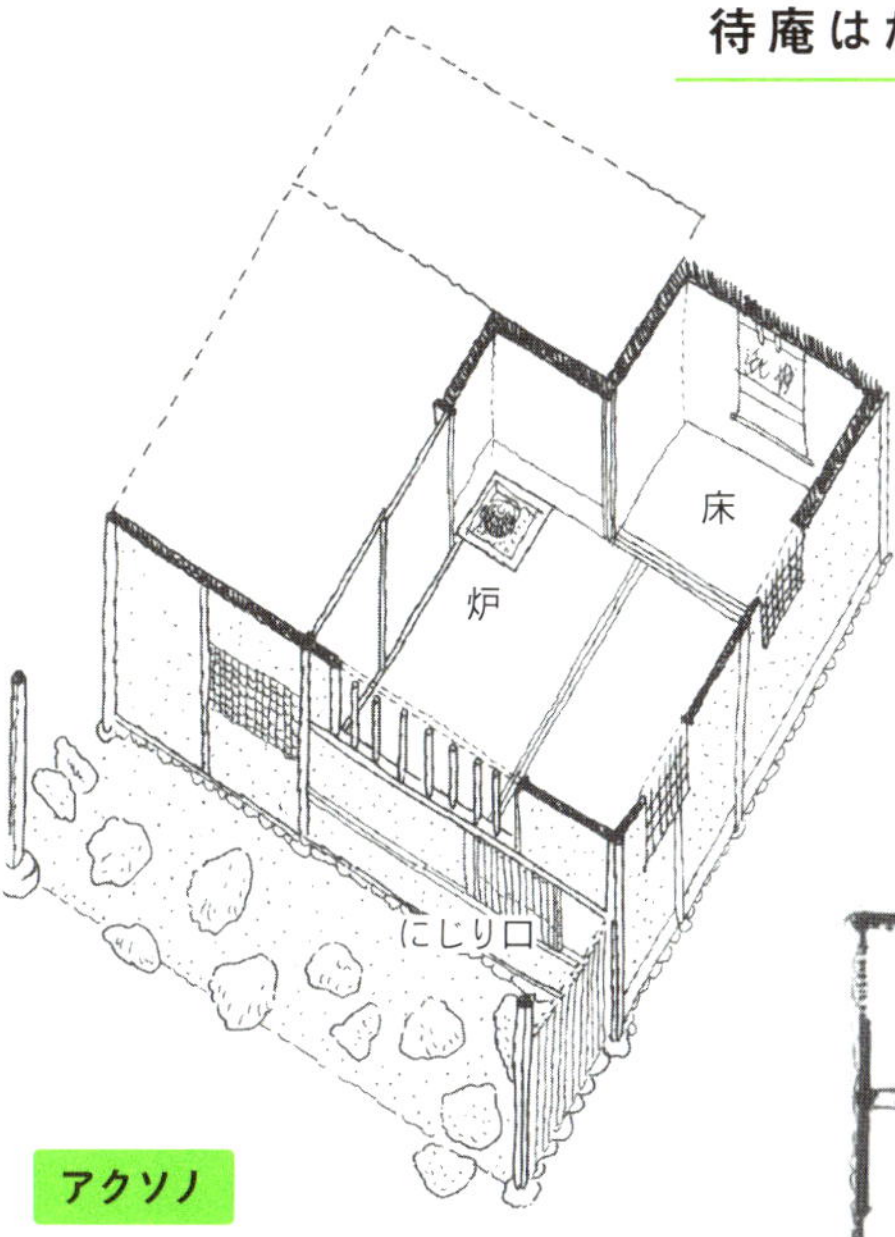

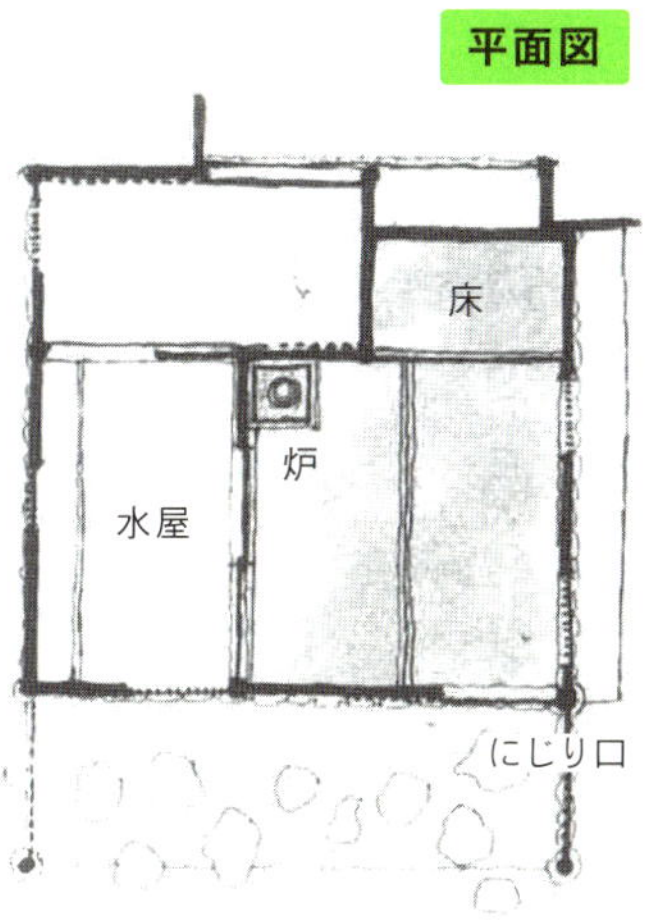

から、その畳の数によって広さがイメージできます。また広さの単位でもありますから、三畳、六畳などといえば相手に部屋の広さを伝えることができます。これは私たち日本人特有のスケール感であり、空間を共有認識できる単位です。近年、生活の中で畳敷きの和室が減少している傾向にあり、畳を基準としたスケール感が失われてしまうのは残念なことです。また、ときにマンションなどでは畳の大きさを小さくし、枚数を増やして部屋を広く見せているケースもあるので、しっかり畳の大きさを覚えておいてください。

畳の敷き方

畳の敷き方にはセオリーがあります。畳の長手方向にはイグサのほつれを止めるための「へり」が付いています。敷き方によって、へりが重なる部分が出てきますが、それも畳の数をわかりやすくし、部屋の広さをすばやく認識できる手助けになります。

畳割りと柱割り

日本家屋は柱梁構造で、柱間隔は二間（約3,600）、三間（約5,400）のように、三尺、六尺の基本寸法でつくられています。その柱間隔の寸法を柱の中心で決めるのが柱割り。畳の寸法を基準にして、柱間隔を決めるのが「畳割り」です。

畳割り

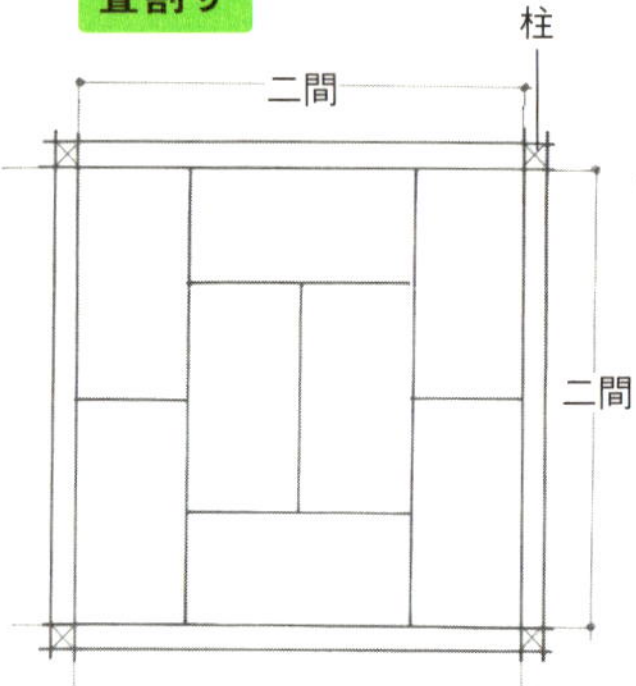

柱割り

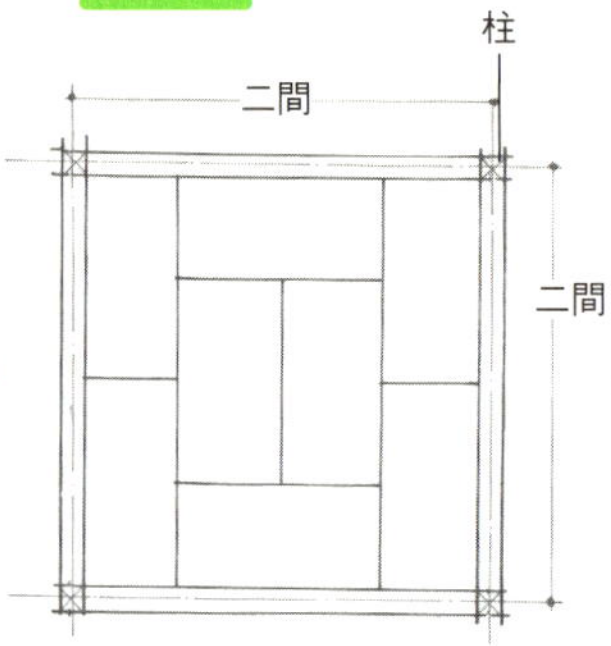

祝儀敷きと不祝儀敷き

床の間と平行に敷き詰め、畳の合わせ目が十文字に交差する敷き方を「不祝儀敷き」といいます。かつては座敷で不幸な行事を行うときには畳をこのように敷き直したといわれています。「祝儀敷き」は図のように敷き目がTの字に交わり、十文字の部分がありません。

祝儀敷き

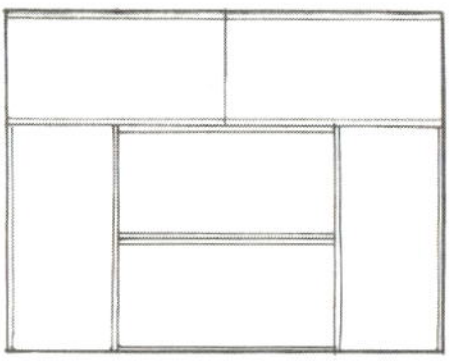

不祝儀敷き

畳のへり

畳はゴザやムシロのようにイグサを縦糸で編んだ製品ですから、イグサの両端が切り離しになるため、ほつれないように布で始末してあります。それが縁《へり》です。ですから、原則へりは畳の長辺方向にしか存在しません。短辺方向は畳表を巻き込んで始末するためへりは必要ないのです。ただし、「琉球畳」のように、大きさは一畳の半分の大きさで、四方に縁を付けない畳もあります。

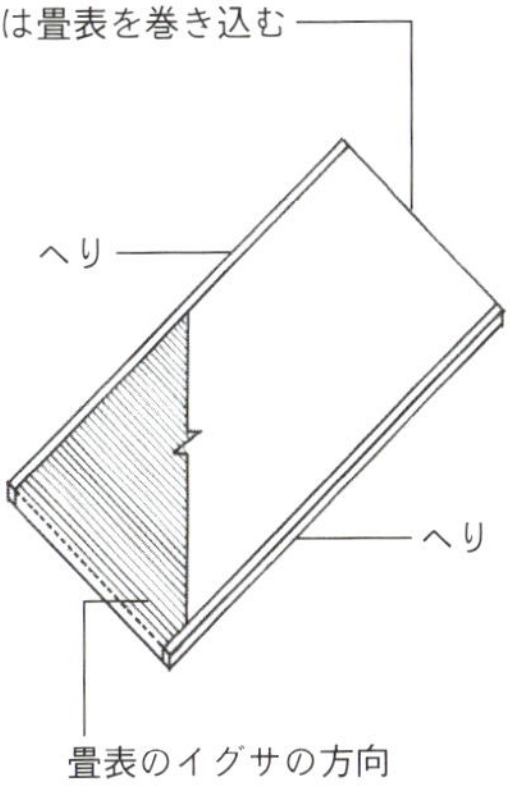

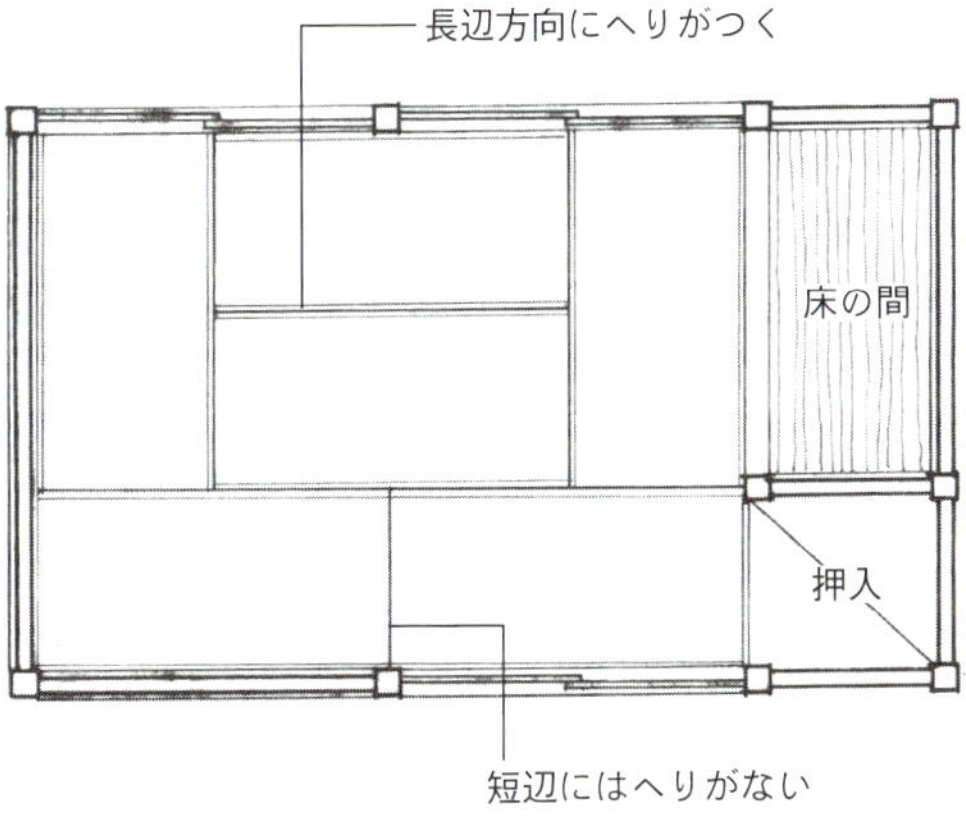

床刺し

床の間にへりが直角に指すような敷き方を「床刺し」といって、忌み嫌います。

正しい敷き方

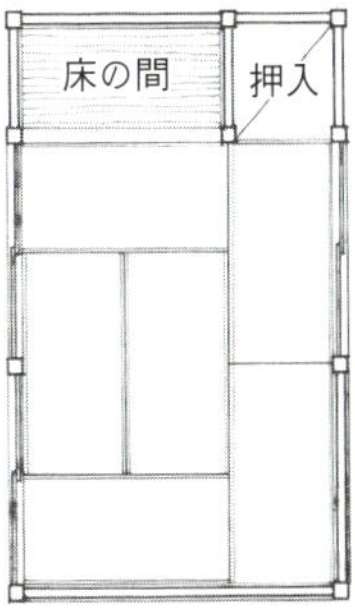

床刺しの敷き方

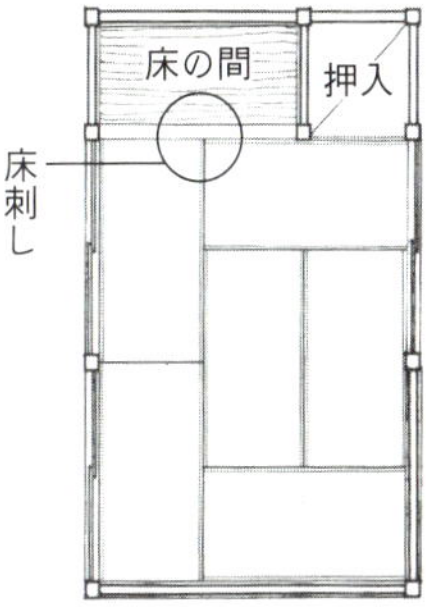

03 畳サイズで生活をイメージする

「座って半畳、寝て一畳」といわれるように、畳が敷かれた枚数と、そこで具体的にどのような生活ができるかを考え、スケール感を養う訓練をしてみましょう。

単純に「座って半畳、寝て一畳」なら、二人座るには畳一枚ですし、二人がゴロ寝をするなら畳二枚必要です。しかし、実際には睡眠をとるために布団を敷かなければなりませんから、布団の大きさと布団を踏まずに歩くスペースを考慮しなければなりません。

このように、実際の生活をイ

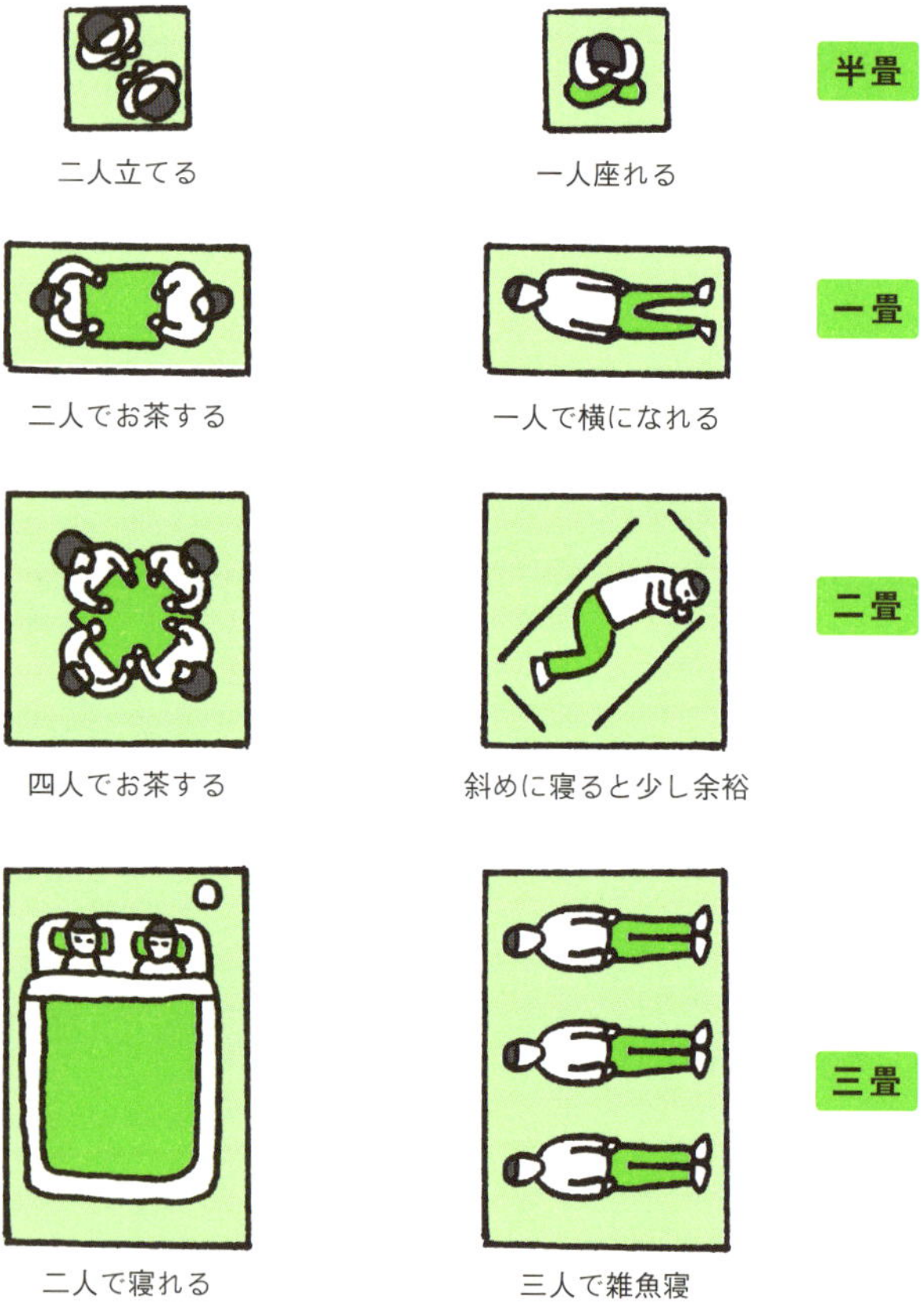

メージして、その生活行為には畳がどのくらい必要かを考えてみてください。あなたが考える生活には、どのくらいの広さが必要かわかってくるはずです。

　また、実際に畳の部屋で生活している人は、その部屋の広さを基準に空間を考えていくのも適切な空間を設計する手助けになると思います。

四畳

三人席とTV台が置ける

ゆったりの四人席

四畳半

布団で二人が寝れる

四人の茶の間

八畳

六畳

中央に八人席のテーブルが置ける

中央に六人席のテーブルが置ける

二人が布団で寝て
枕元と足元に歩くスペースができる

二人が別々に布団を敷いて寝れる

十畳

コの字の十人席のカウンター内で
サービスができる

十二畳

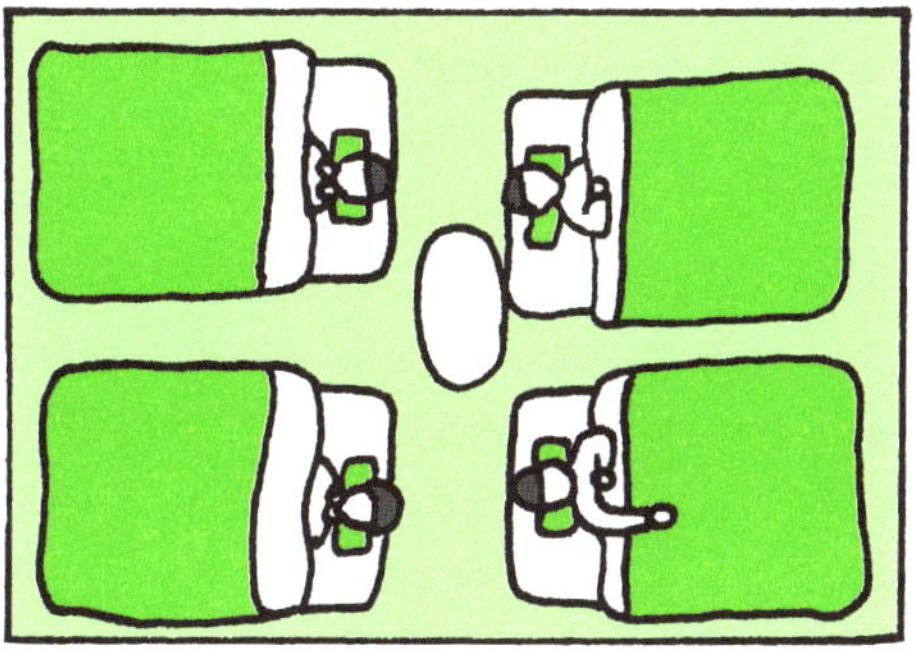

四人が布団を敷いて寝れる

03 04

畳の数で覚える「空間熟語」

英語ではいくつかの単語によって、違った意味を成す「熟語」という言葉があります。そこで、畳の枚数と機能用途の関係を考えてみます。

たとえば、普通の住宅の階段は「畳二枚分」の面積が必要です。図のように二枚の畳をどんな形に並べてもよいのです。これが「空間熟語」です。

「空間熟語」とは私（中山）が勝手につくった造語なのですが、畳の枚数によって行われる行為を掴んでおけば、住まいの設計において基本的なスケールを押さえる意味ではとても有効です。トイレは「畳一枚」、浴室は浴槽と洗い場で「畳二枚」などのようにセットにして、すなわち、「熟語」で覚えてみてください。

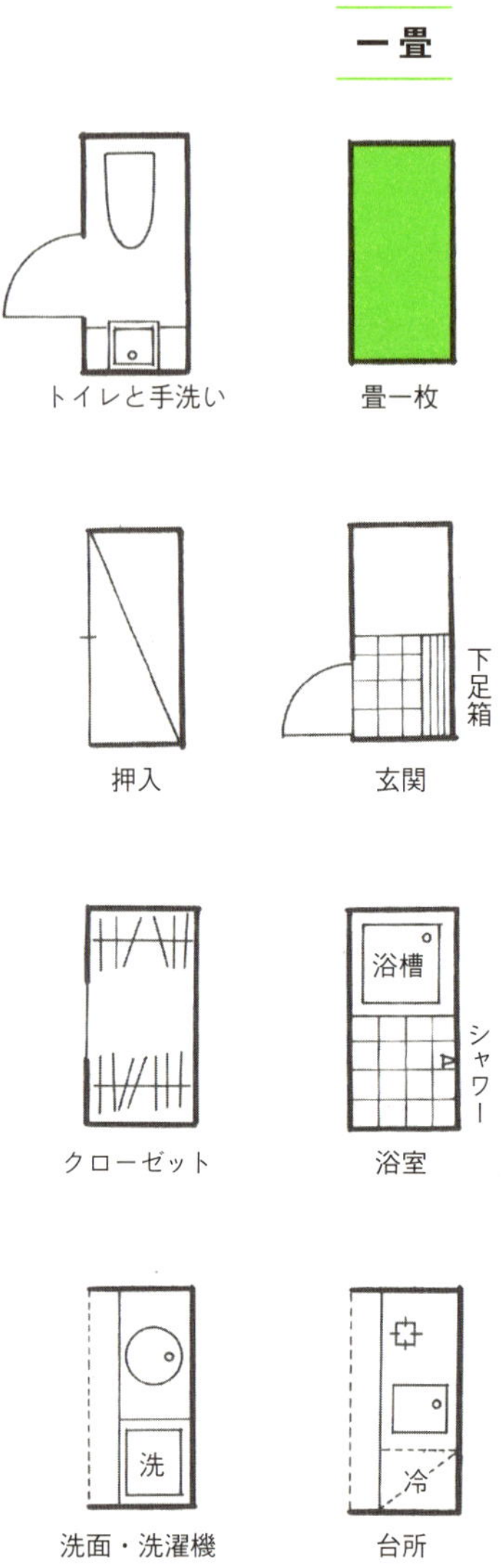

二畳

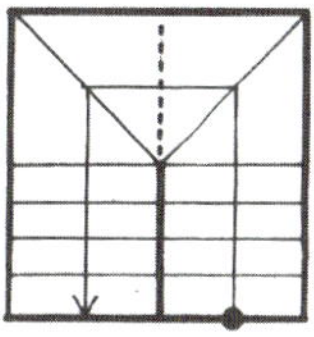

廻り階段

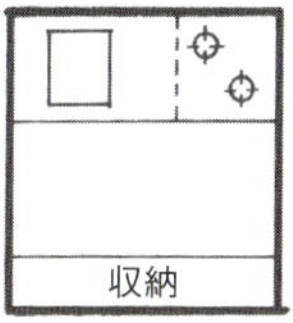

台所

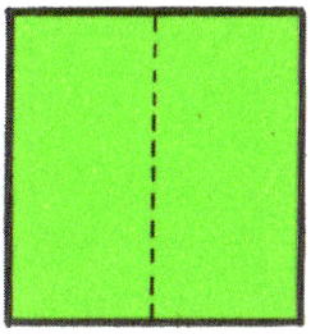

畳二枚(一坪)

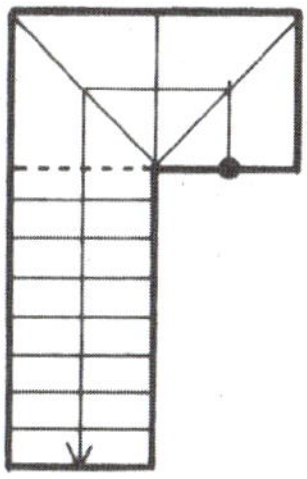

廻り階段

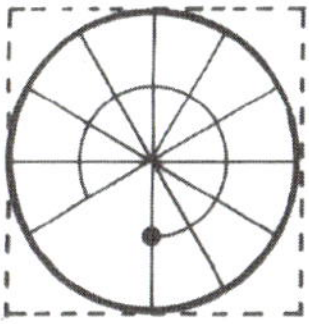

らせん階段

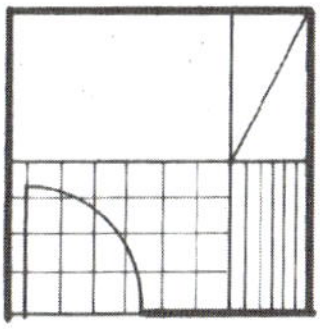

▲ 玄関

L字型階段

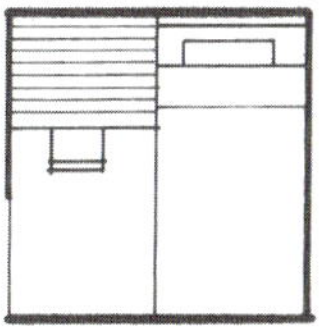

子ども室(一人)

直行階段

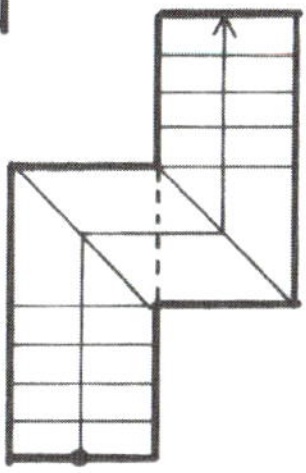

クランク型階段

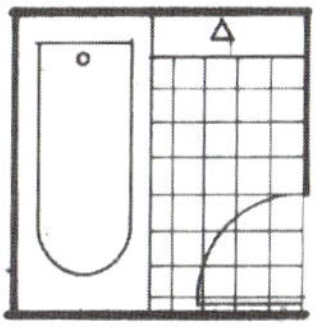

浴室

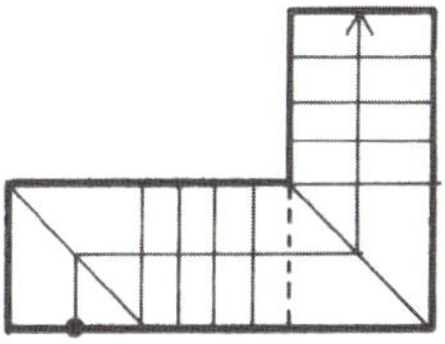

L字型階段

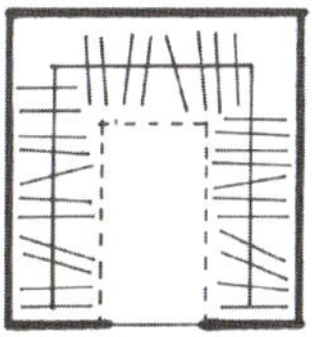

クローゼット

四畳

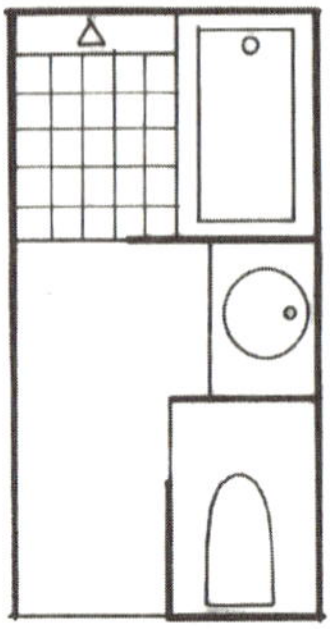

トイレ・洗面・浴室

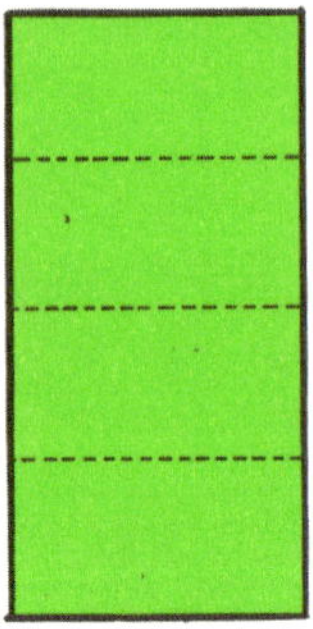

畳四枚

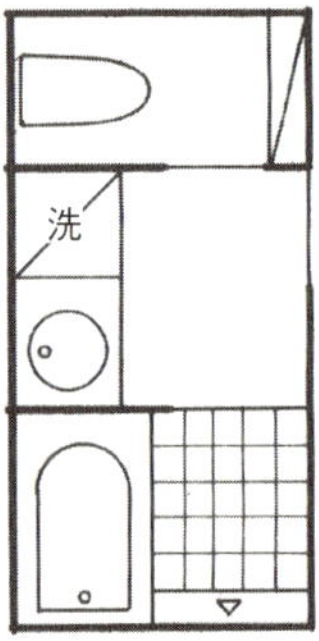

トイレ・洗面・浴室

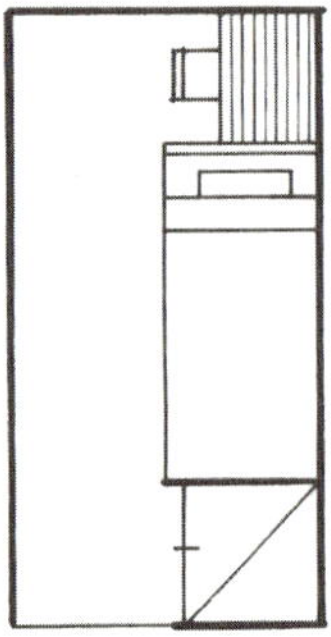

子ども室（一人）

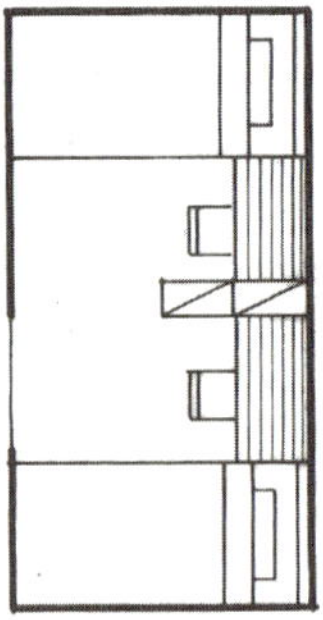

子ども室(二人)

三畳

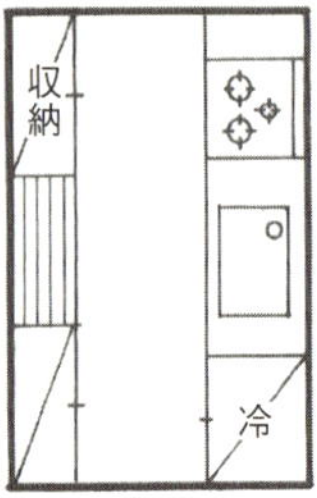

台所

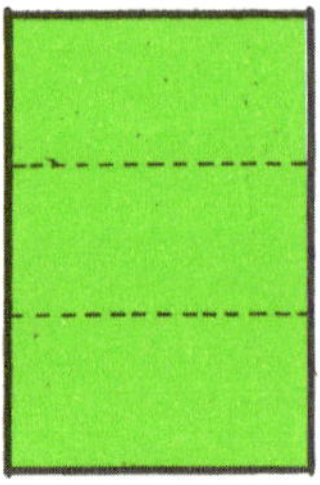

畳三枚

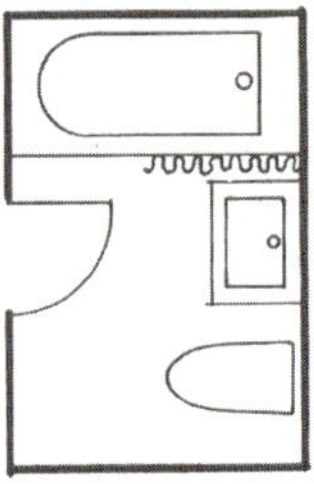

トイレ・洗面・浴室

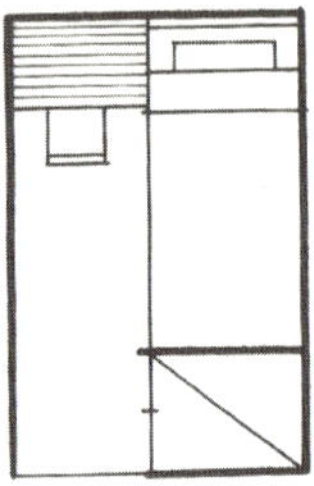

子ども室(一人)

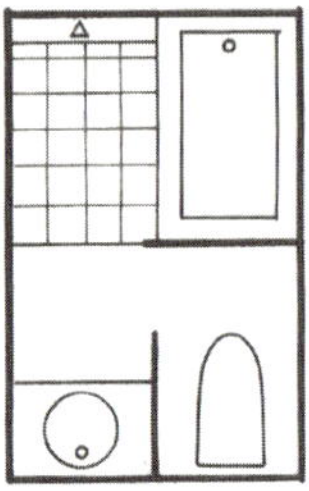

トイレ・洗面・浴室

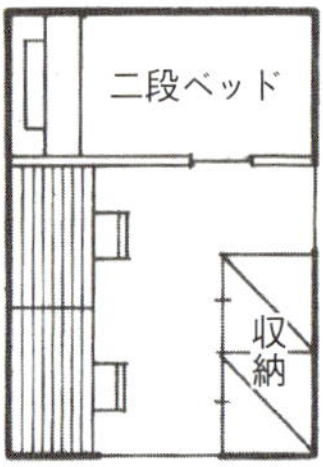

子ども室(二人)

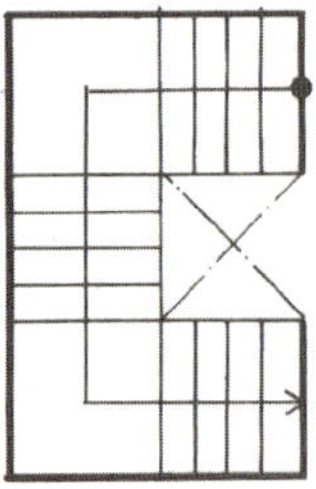

階段室

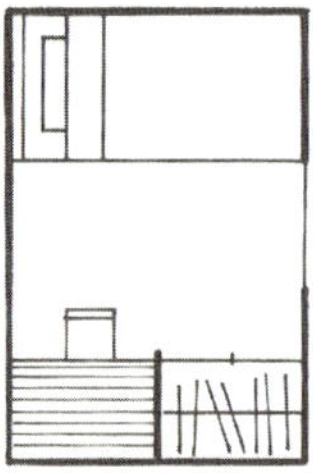

子ども室(一人)

四畳半

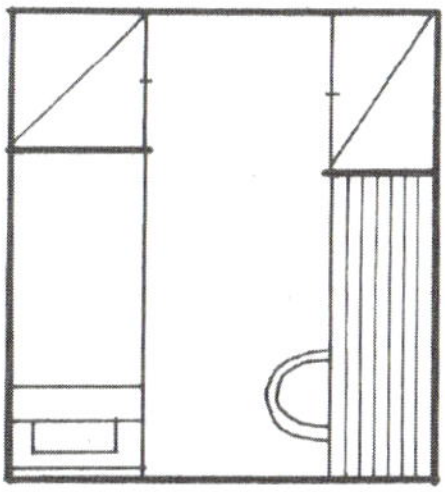
子ども室(一人)

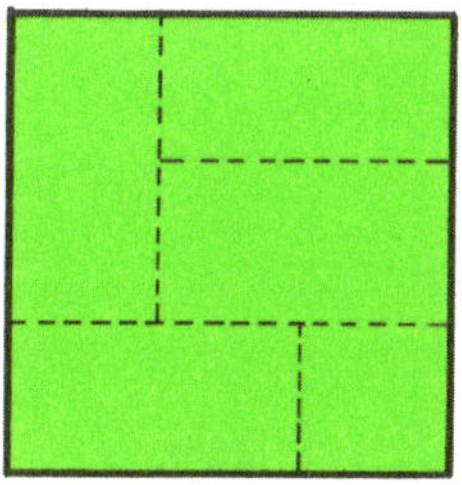
畳四枚半

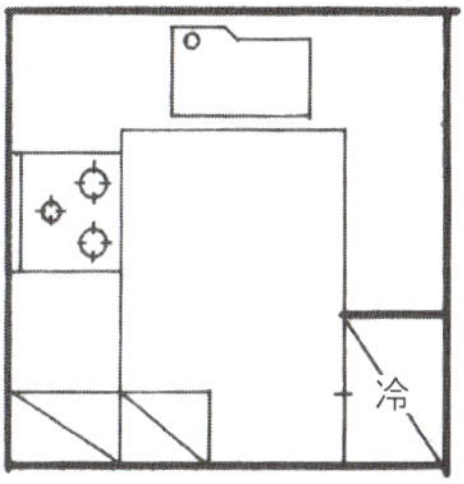

台所

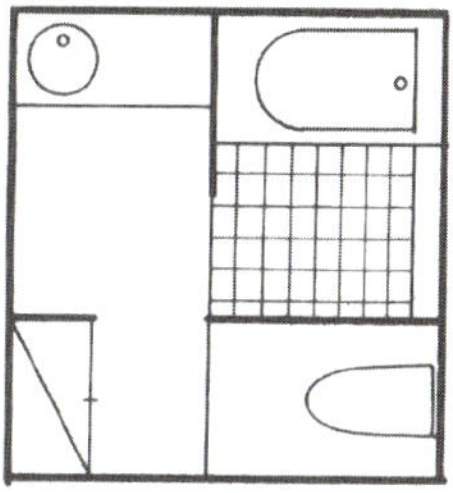
トイレ・洗面・浴室

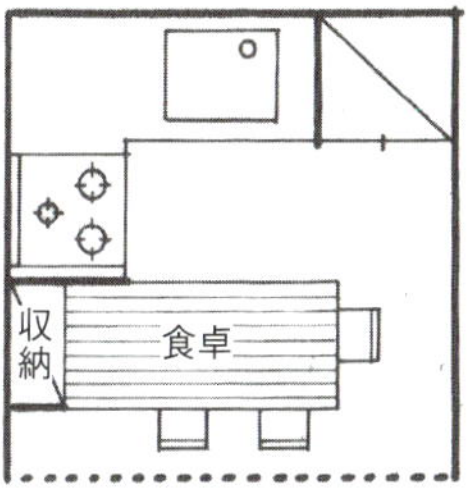

食事室・台所

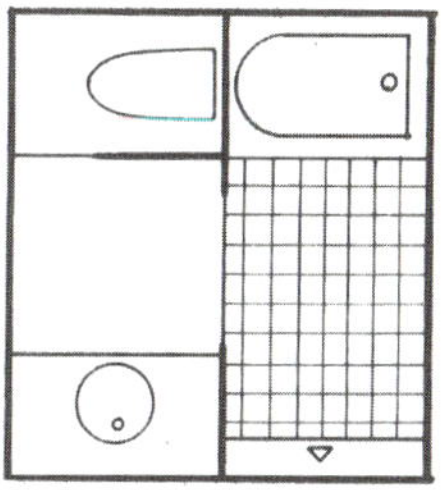
トイレ・洗面・浴室

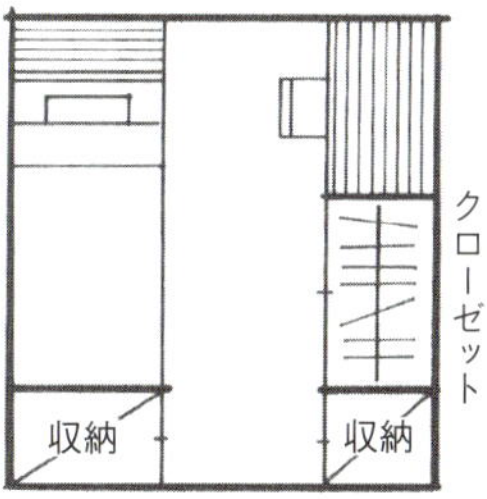

子ども室(一人)

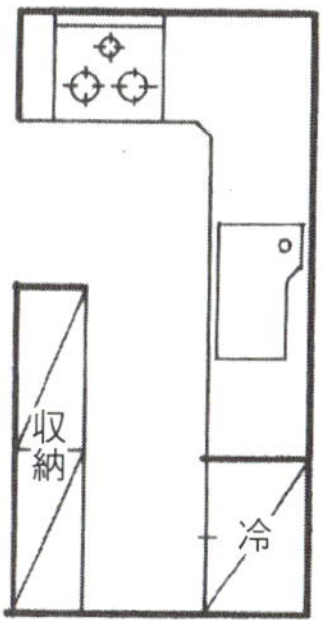

台所

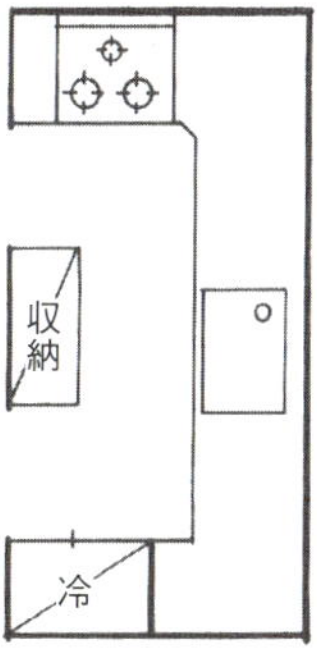

キッチン

六畳

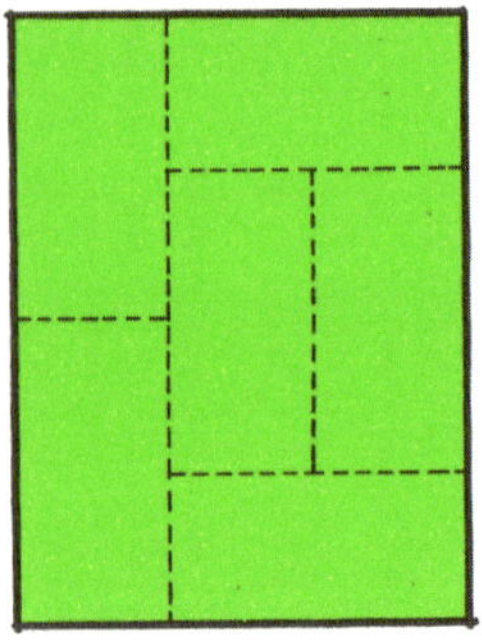

畳六枚

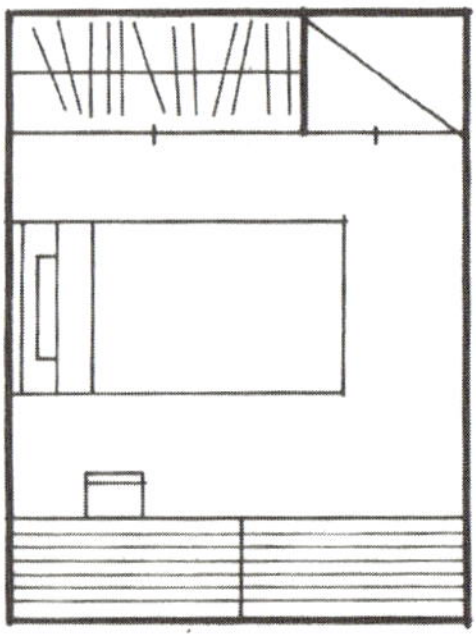

寝室（一人）

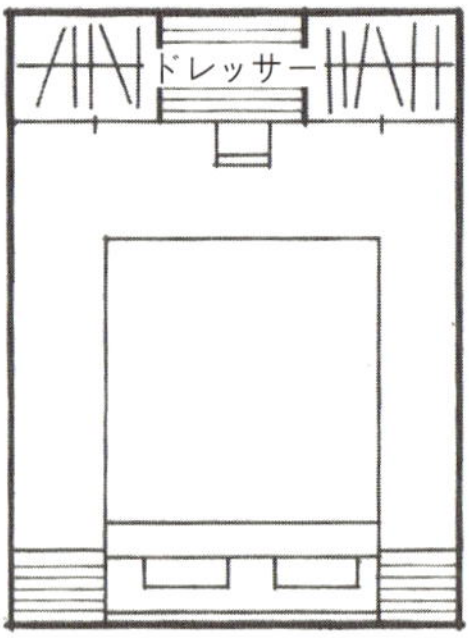

寝室（二人）

五畳

乗用車一台の広さ

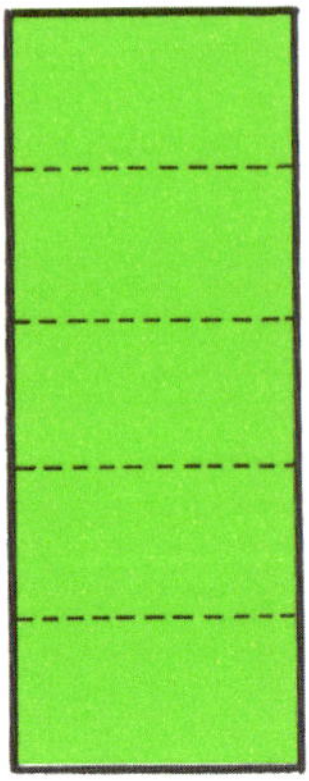

畳五枚

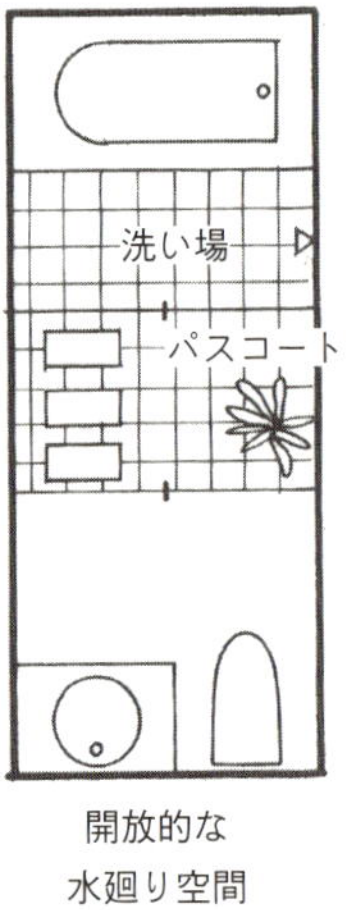

開放的な
水廻り空間

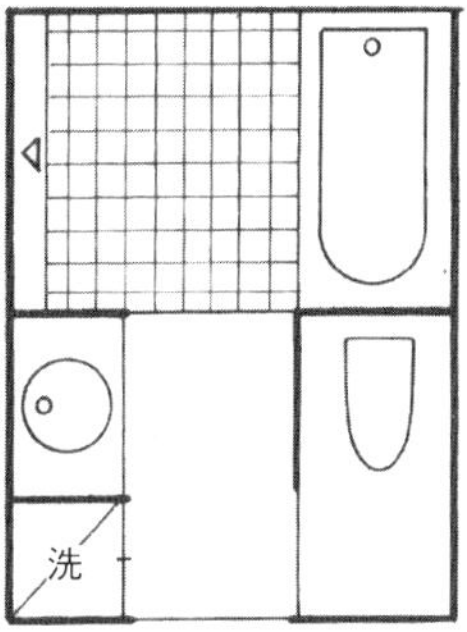

トイレ・洗面・浴室

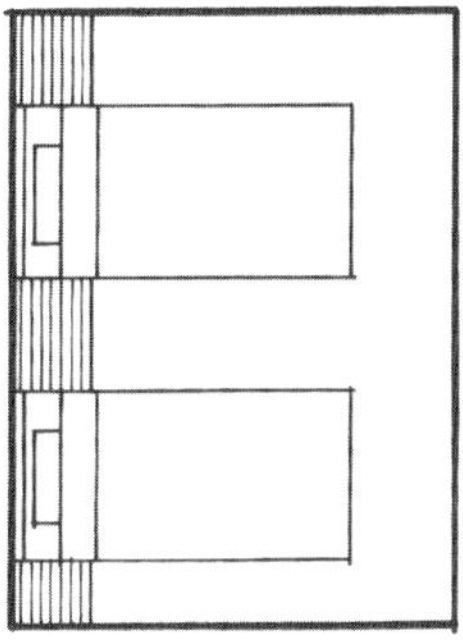

寝室(二人)

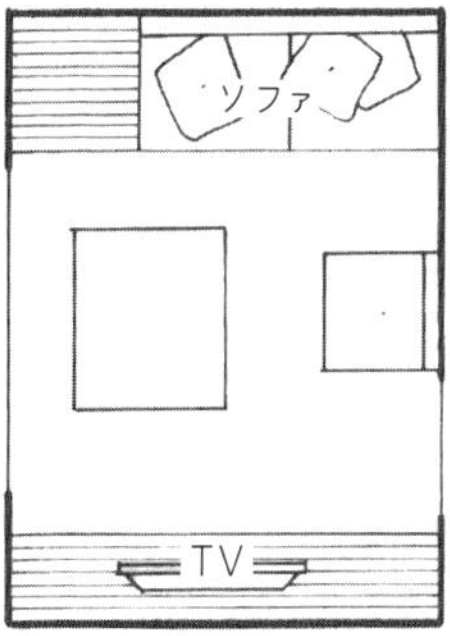

居間

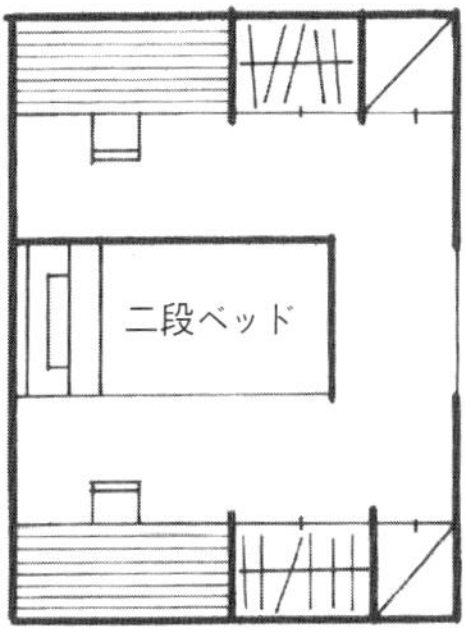

子ども室(二人)

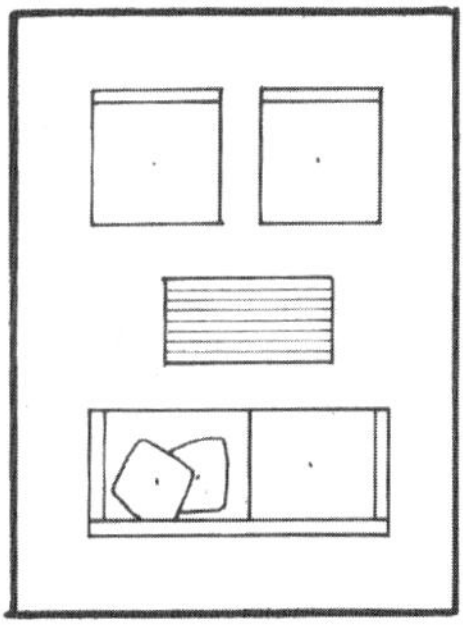

居間

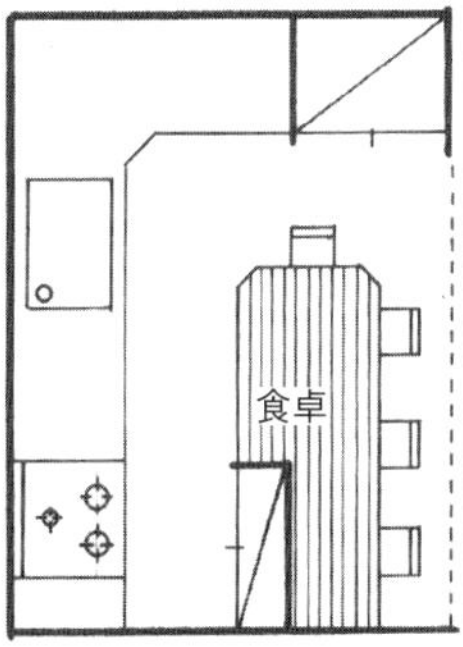

食事室・台所

八畳

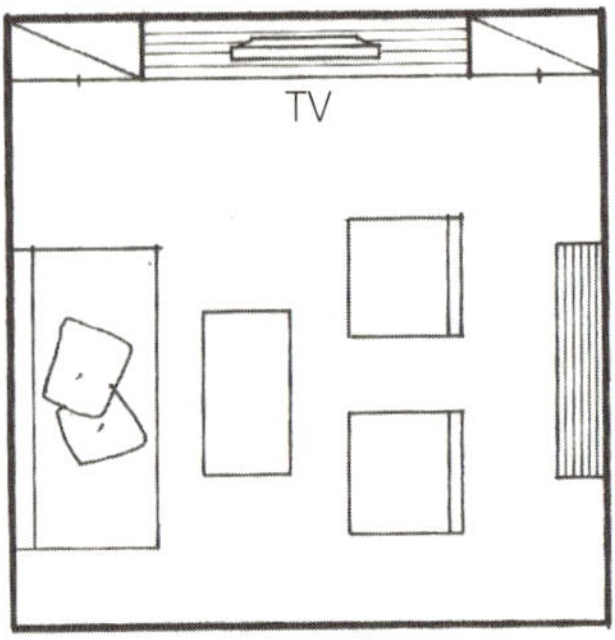

居間

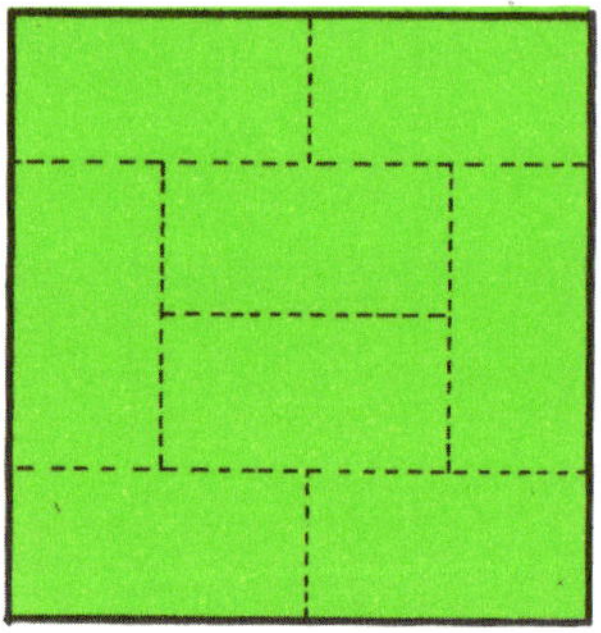

畳八枚

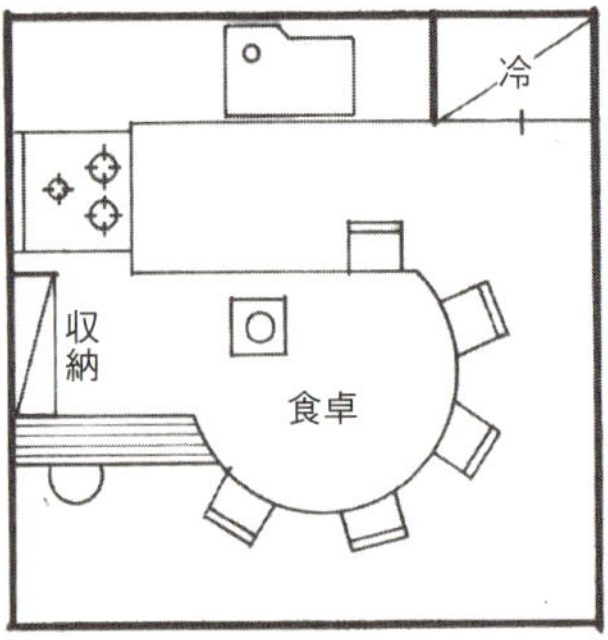

食事室・台所

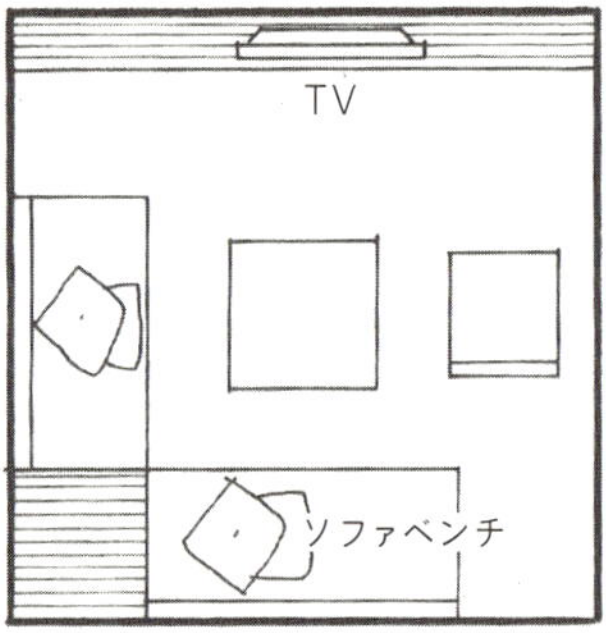

居間

ここに挙げた例はごく一例にすぎません。これらが最良の案というわけではありません。できれば、自分自身の独自の空間熟語をつくってほしいと思っています。そうすれば、住宅設計の訓練に大いに役立つと思います。

畳の枚数が増えるにしたがって、「空間熟語」のパターンが無限に広がります。自分なりのスケール感を創造していくことが重要です。

十畳

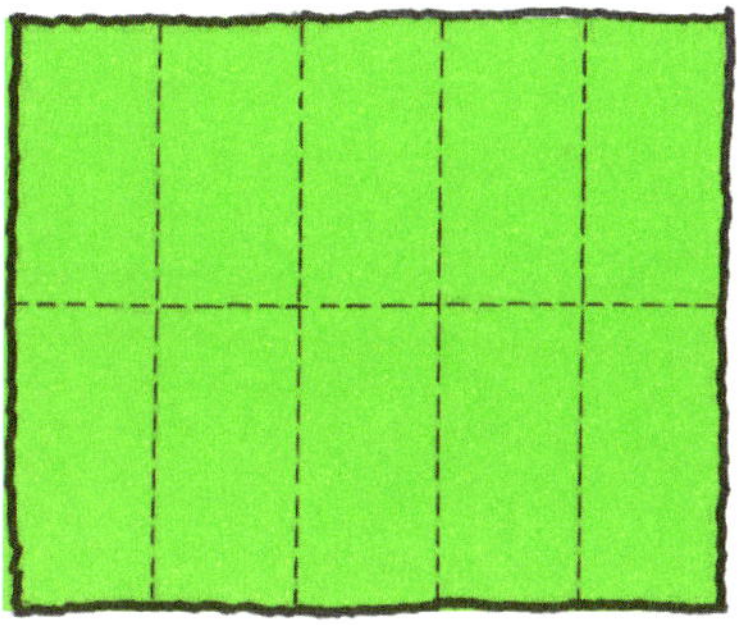

畳十枚

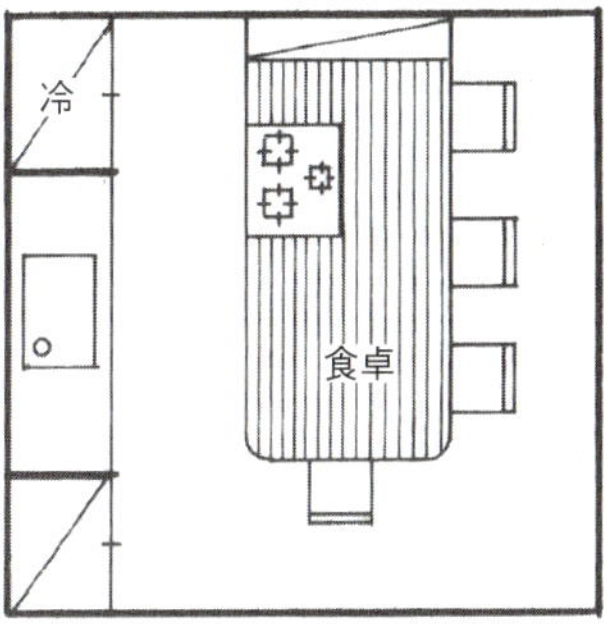

食事室・台所

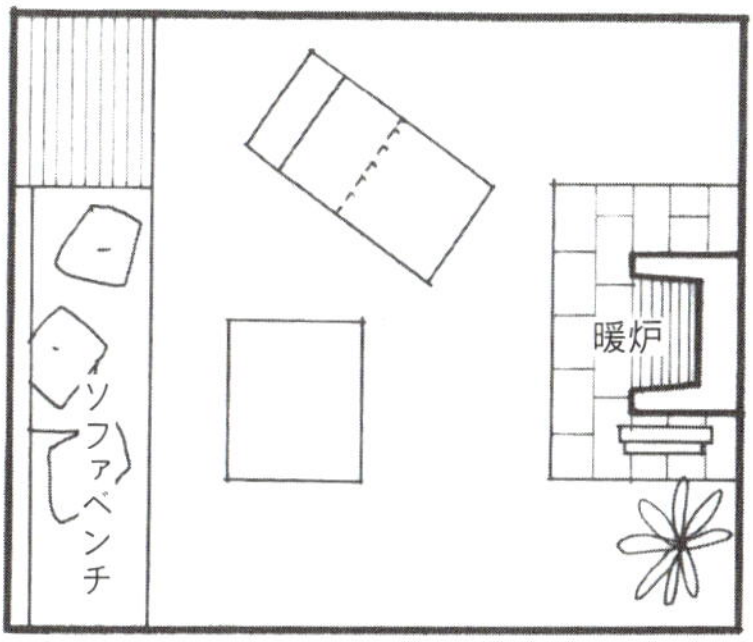

居間

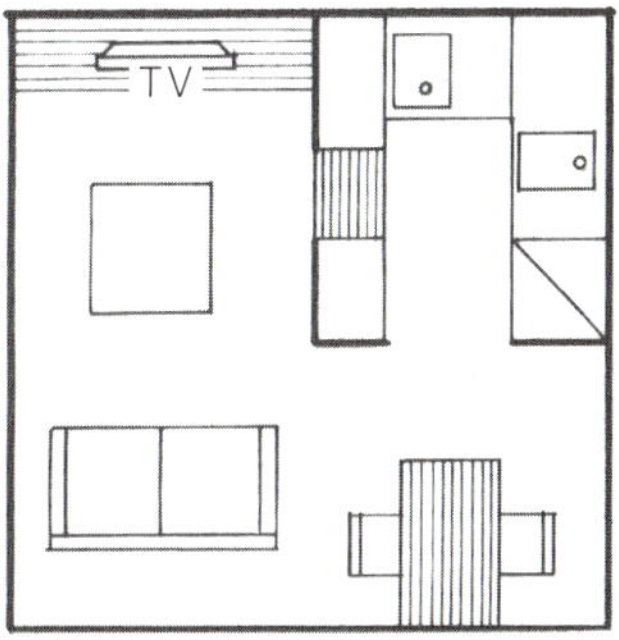

LDK

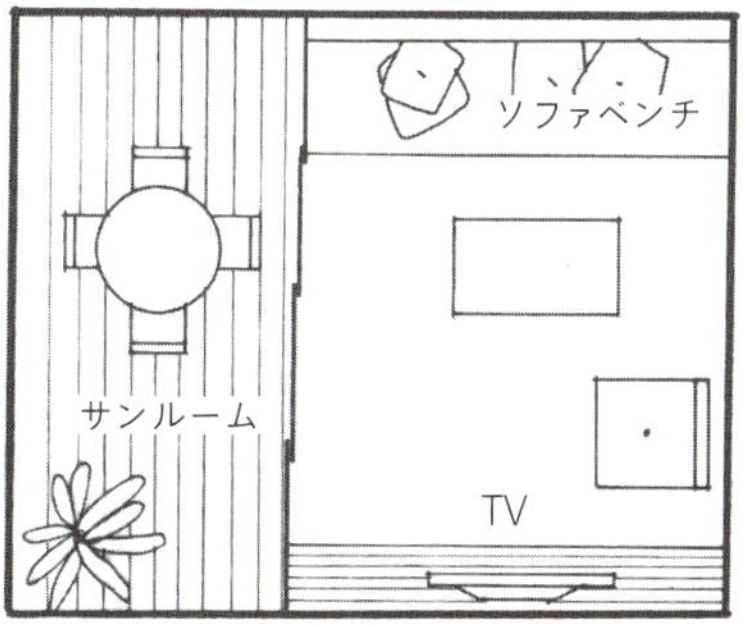

サンルーム付き居間

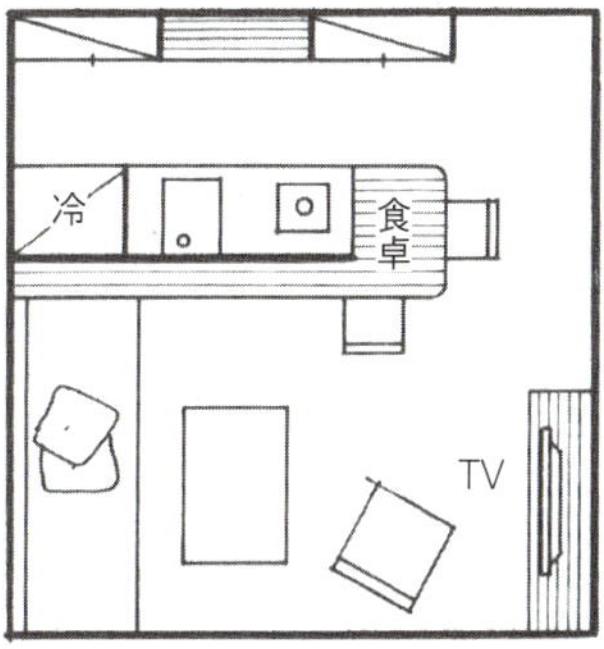

LDK

03

05

住宅の高さは動作と構造で決まる

建築はいうまでもなく三次元ですから、広さと高さを同時に考えてかなければ居心地のよい空間は設計できません。

ここでは、私たちにもっとも馴染みの深い木造住宅の高さとその役割を解説します。

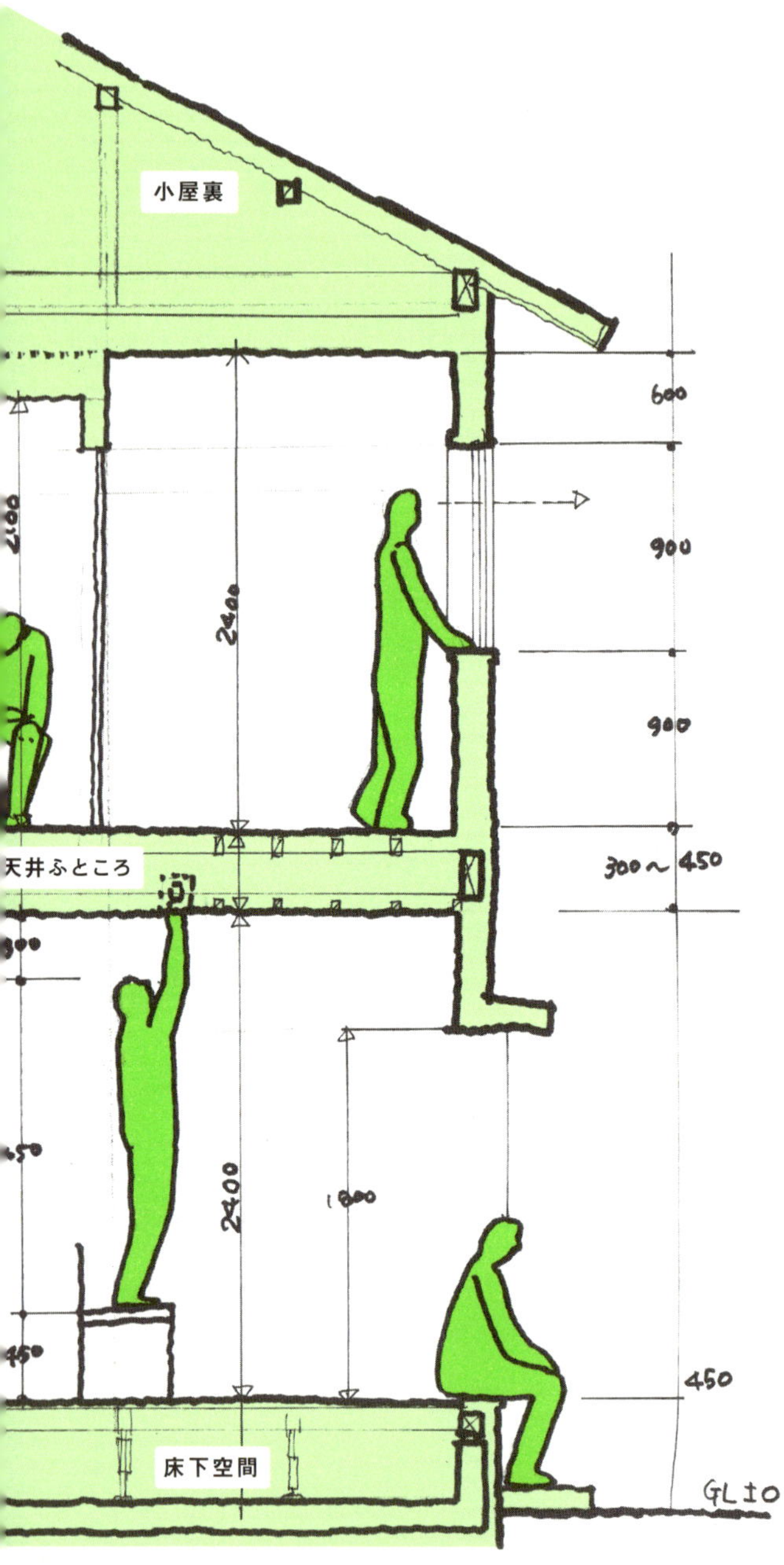

小屋裏

屋根を支える木構造を小屋組みといいます。西洋建築で用いられる「洋小屋」と日本建築の「和小屋」があります。雨水を流す屋根勾配と瓦の重量と大きな面を支えるために小屋裏というスペースが必要です。

居住空間

室内の天井の高さは、広い部屋は高く、狭い場合は多少低くしてもよいかもしれません。一般的な住宅の天井高さは、椅子に乗って天井に触れる高さ約2,400でしたね（02-05参照）。

天井ふところ

1階と2階の間の天井ふところといわれるスペースは、2階の床を支える梁や桁などが組まれ、構造上必要なスペースです。2階の床と梁などの構造材を隠すために1階には天井が張られます。この天井ふところには照明器具やエアコン、換気扇などが埋め込まれ、電気の配線やさまざまな配管を通すためのスペースとして利用されています。

床下空間

わが国の木構造の特徴は、床の高さと小屋組みに特徴があります。高温多湿の気候上、床は通風換気をよくするため床下にスペースを設けます。また、履物を脱いで生活をする生活習慣から、縁側などは座るという行為に適した高さ（約450）にするのが一般的です。

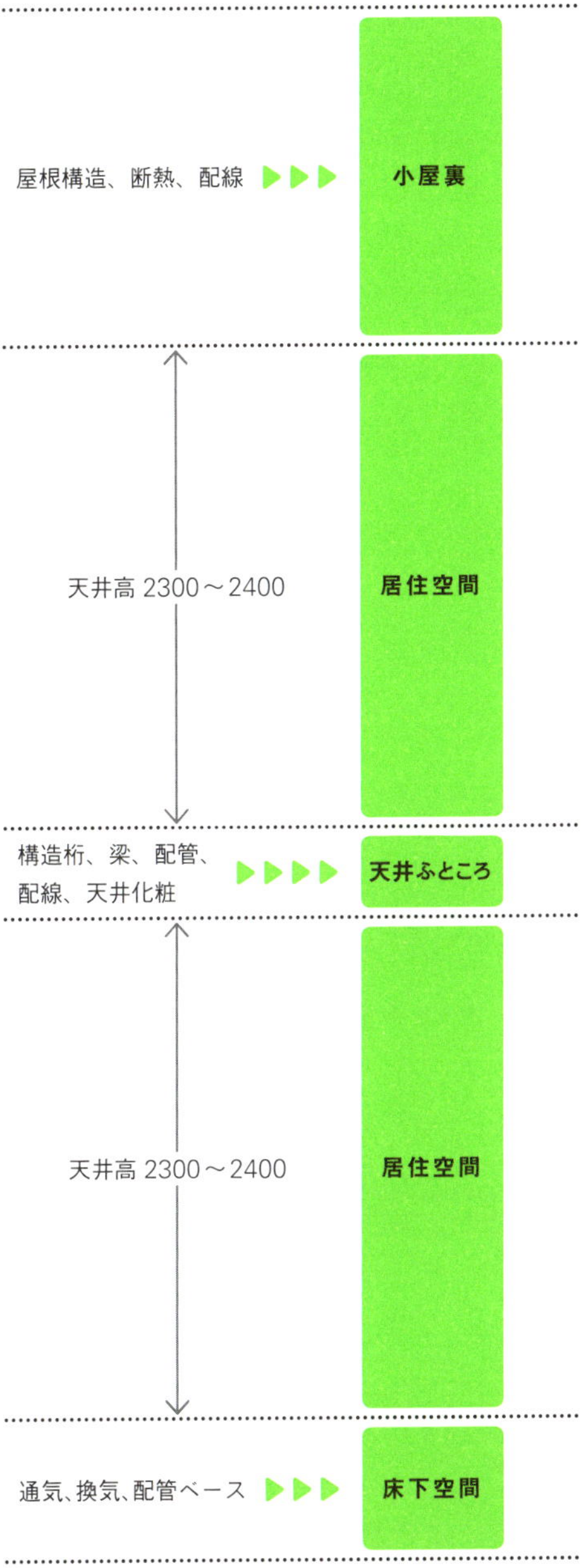

Column

自動車は手を広げて何人分？

毎日見たり乗ったりしているにもかかわらず、自動車の大きさを知らない人がたくさんいます。自動車が入らない車庫や、自動車がやっと入ったもののドアが開かず車から出られない車庫を設計した経験のある人は少なくないはずです。それは、自動車のスケールを知らなかったための失敗です。人間の身体尺を知らないために、出入りのできないトイレを設計してしまうのと同じことです。

一般的な普通乗用車の大きさは、車幅は「お母さんが両手を広げた寸法」（約1600ミリ）、長さは「お父さんとお母さん、子どもが手をつないだ寸法」（約4300ミリ）と覚えておくとよいでしょう。

〈ここでの家族の身長〉

お父さんの身長：1700〜1750ミリ

お母さんの身長：1600〜1650ミリ

子どもの身長：900〜1000ミリ

なお、車庫は、ドアの開閉や荷物の出し入れなどのために、それよりも一回りも二回りも広さが必要なことを忘れずに。

普通乗用車の長さ＝「お父さん」＋「お母さん」＋「子ども」の身長＝4,300程度

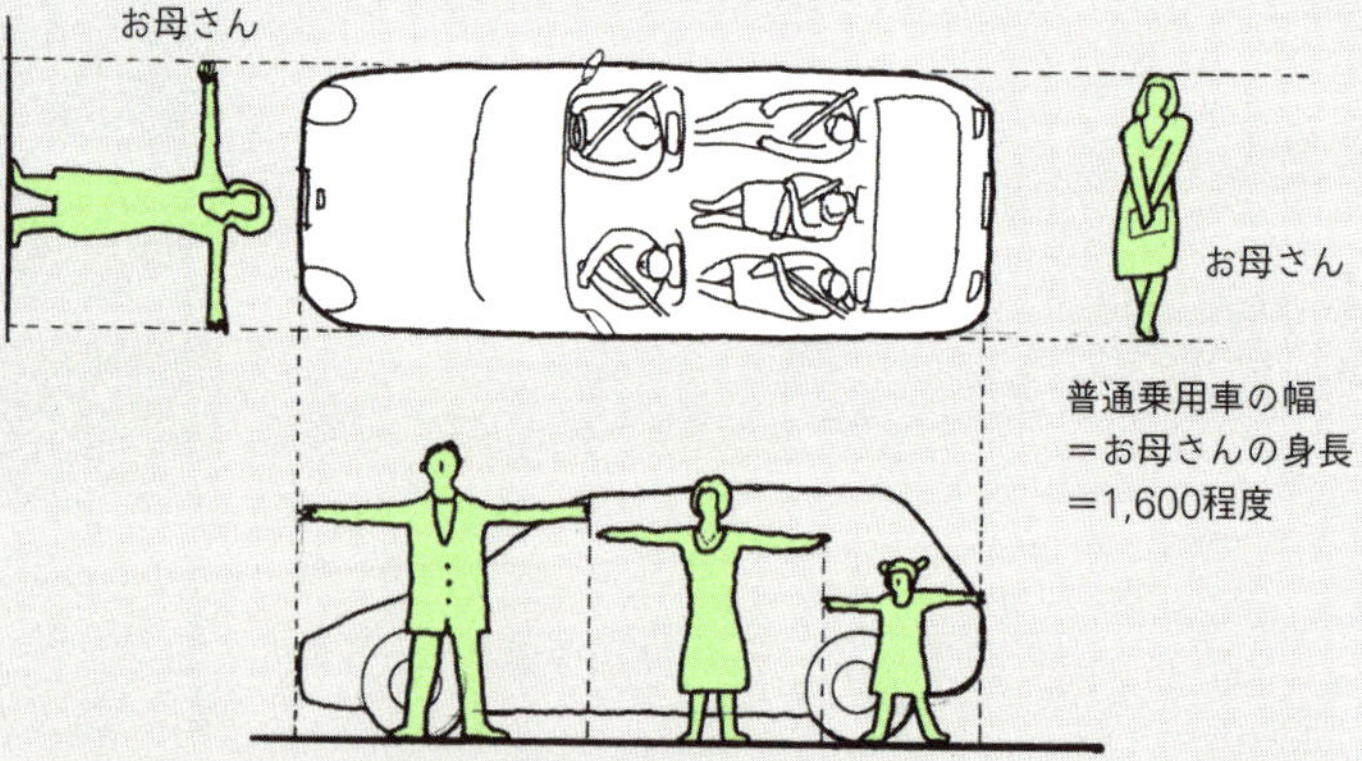

車体の大きさ（普通乗用車の場合）

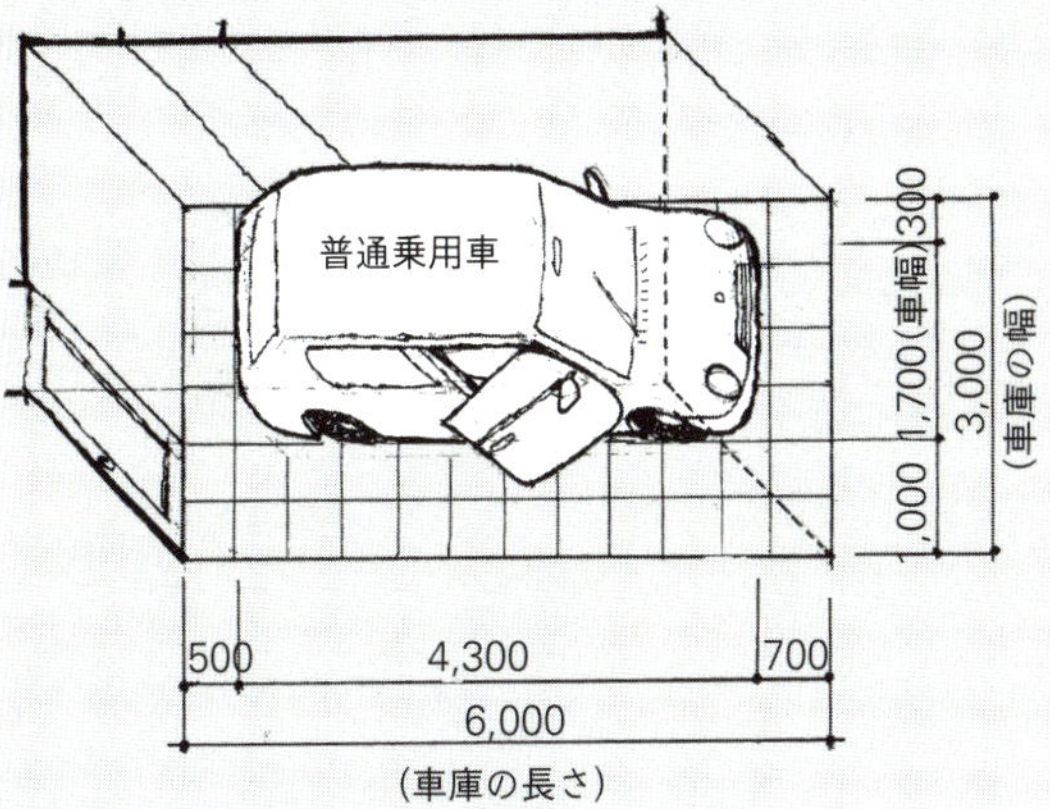

両側開閉ドアの車庫の大きさ

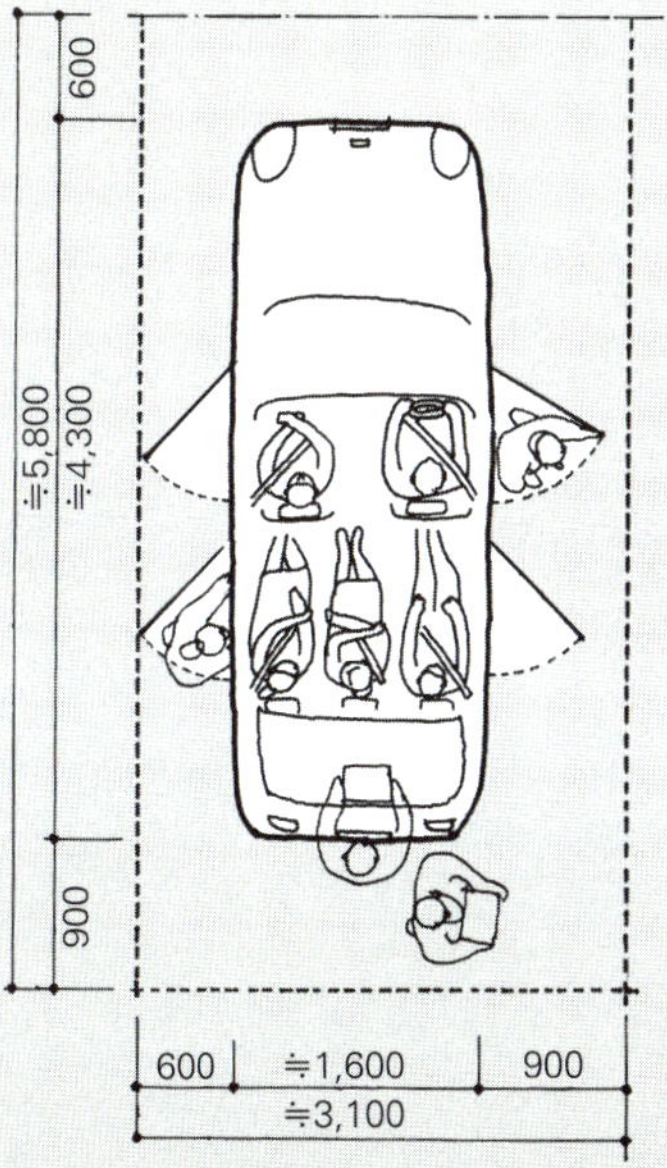

片側開閉ドアの車庫の大きさ

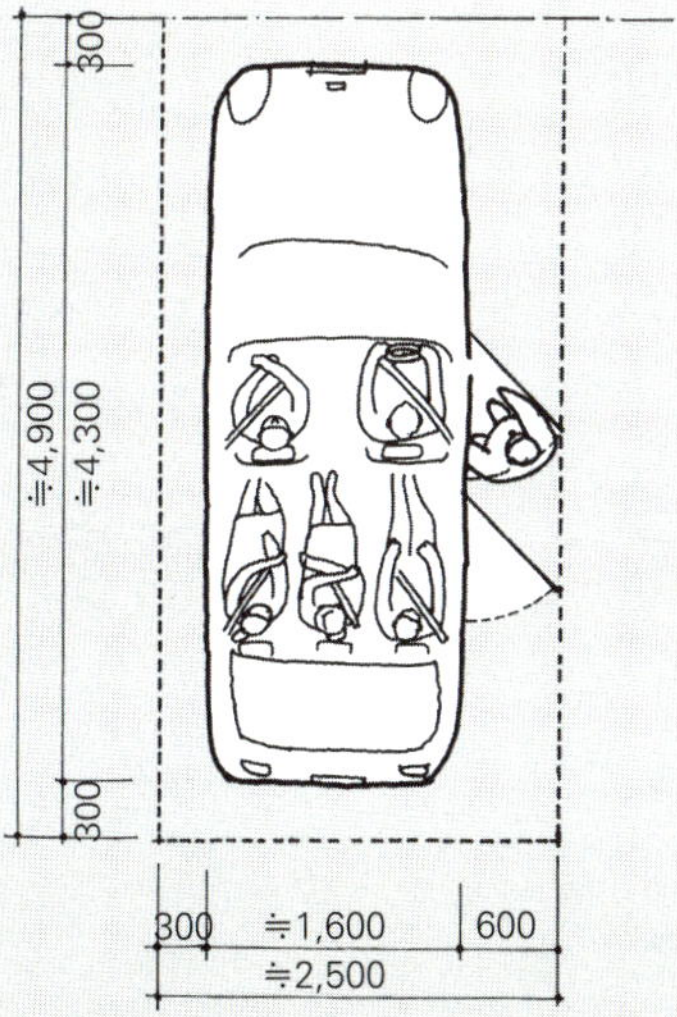

空間熟語を駆使して住宅を設計する

01 玄関を設計するプロセス

「玄関」は日常生活の中で、通勤通学のときの出入りや、配達物の受け取り、大切な来客の応対など、さまざまな機能を持ち、かつ使用頻度の多い場所です。さらに、玄関ははじめて訪れる客が最初に住まいの中に接する場で、住人と住まいの印象を決定づける重要な空間です。ですから、機能的でありながら、応接室的なよそ行きの顔も兼ね備えていなければなりません。住まいに合った広さの玄関と、物が散らからない適切な収納スペースが必要です。

まず、玄関に必要な収納物を

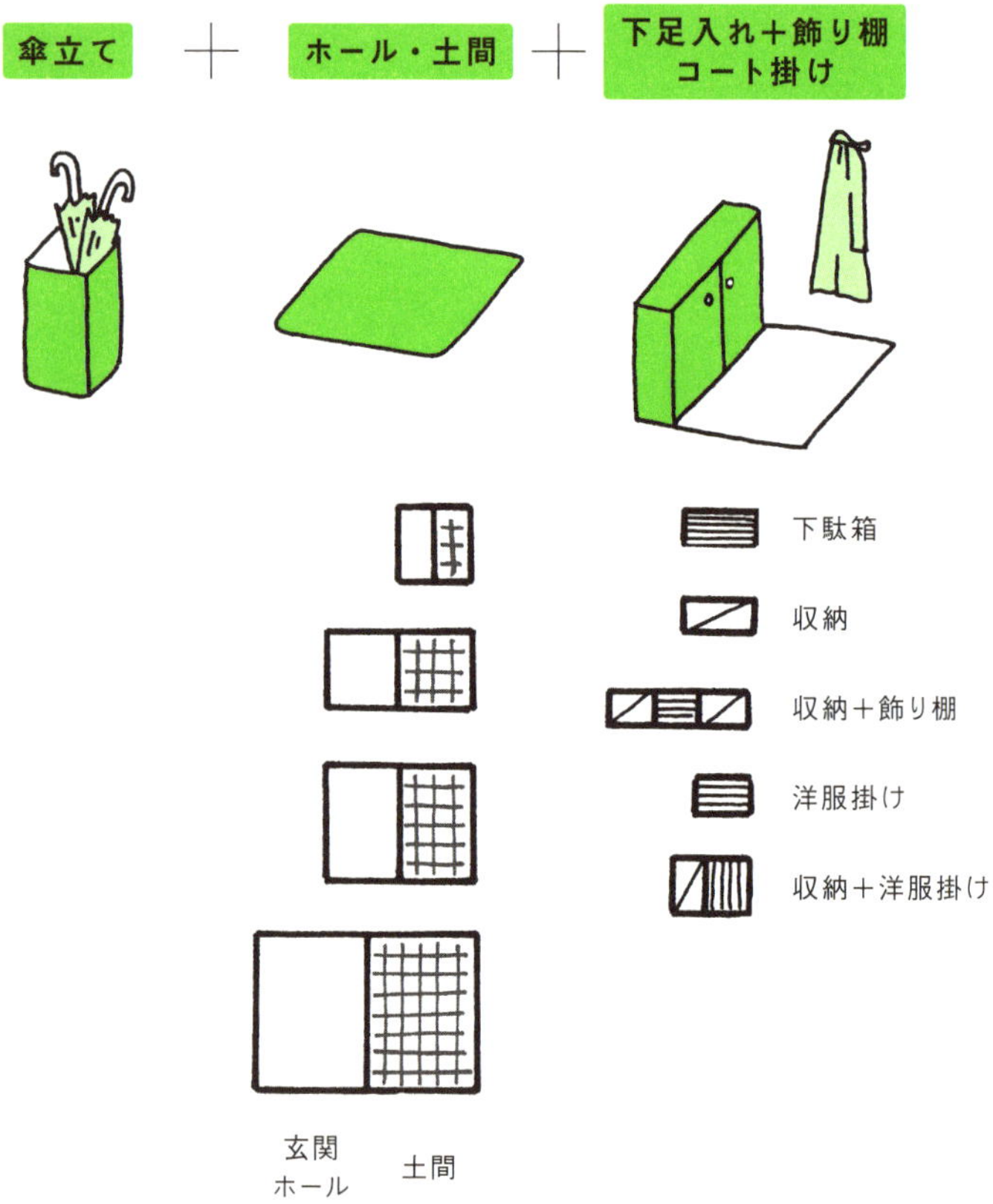

考えます。上下足を履き替えるわが国では、下足の収納は家族の人数とそれぞれの個人の所有している履物の数を知る必要があります。雨の日の帰宅時に濡れたコートを掛ける場所、ゴルフバッグ、スケートボードの収納など、非日常品の収納場所も玄関にあれば便利です。

　さらに、履物を履き替える土間とホールの広さも家族数と深くかかわってきます。これは、自分が住んだ住まいを基準に実体験で狭いか広いかを考えて、さらに玄関での動作行為を思い出してください。それらの動作に必要な広さ、収納スペースを満足するかを検討することが設計なのです。

与条件

動作・行為

「玄関」の空間熟語

PLAN 1

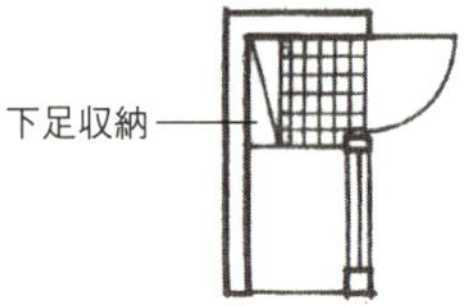

PLAN 2

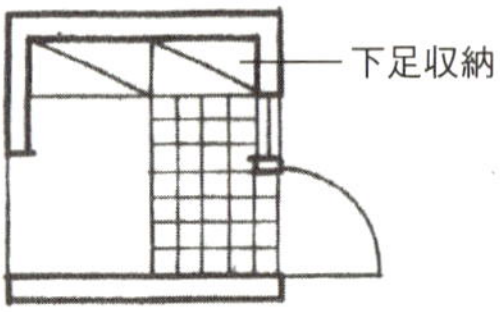

PLAN 3

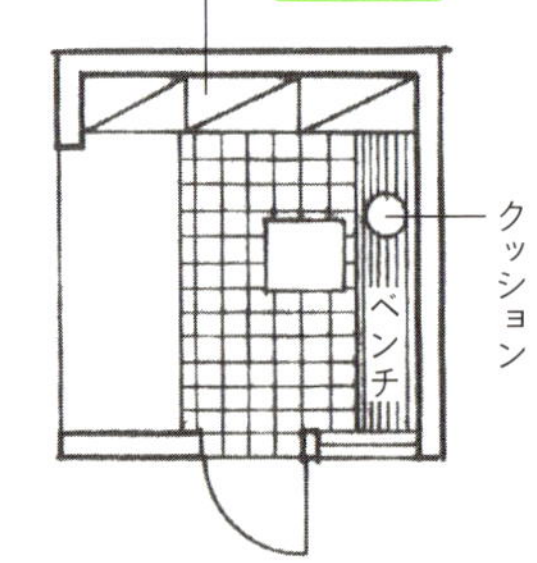

PLAN 4

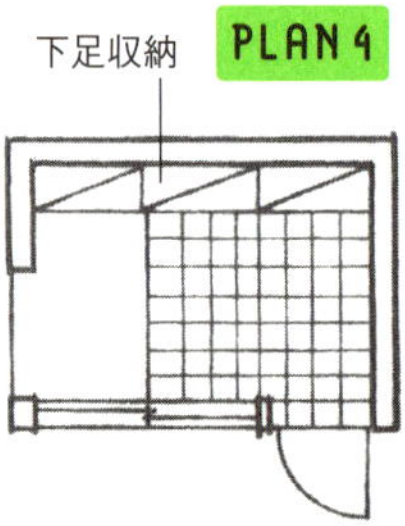

PLAN 5

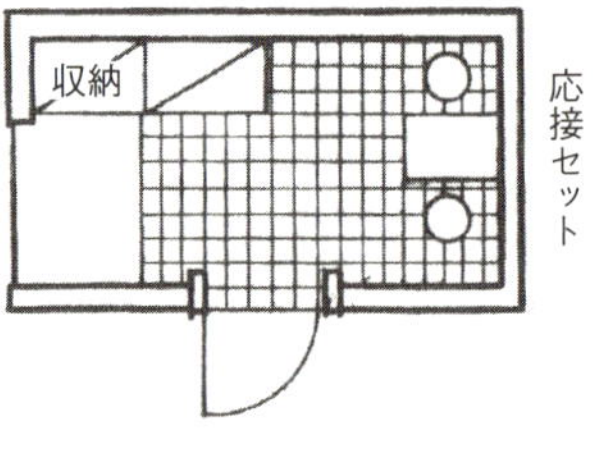

S=1:100

PLAN 4 のアクソノ

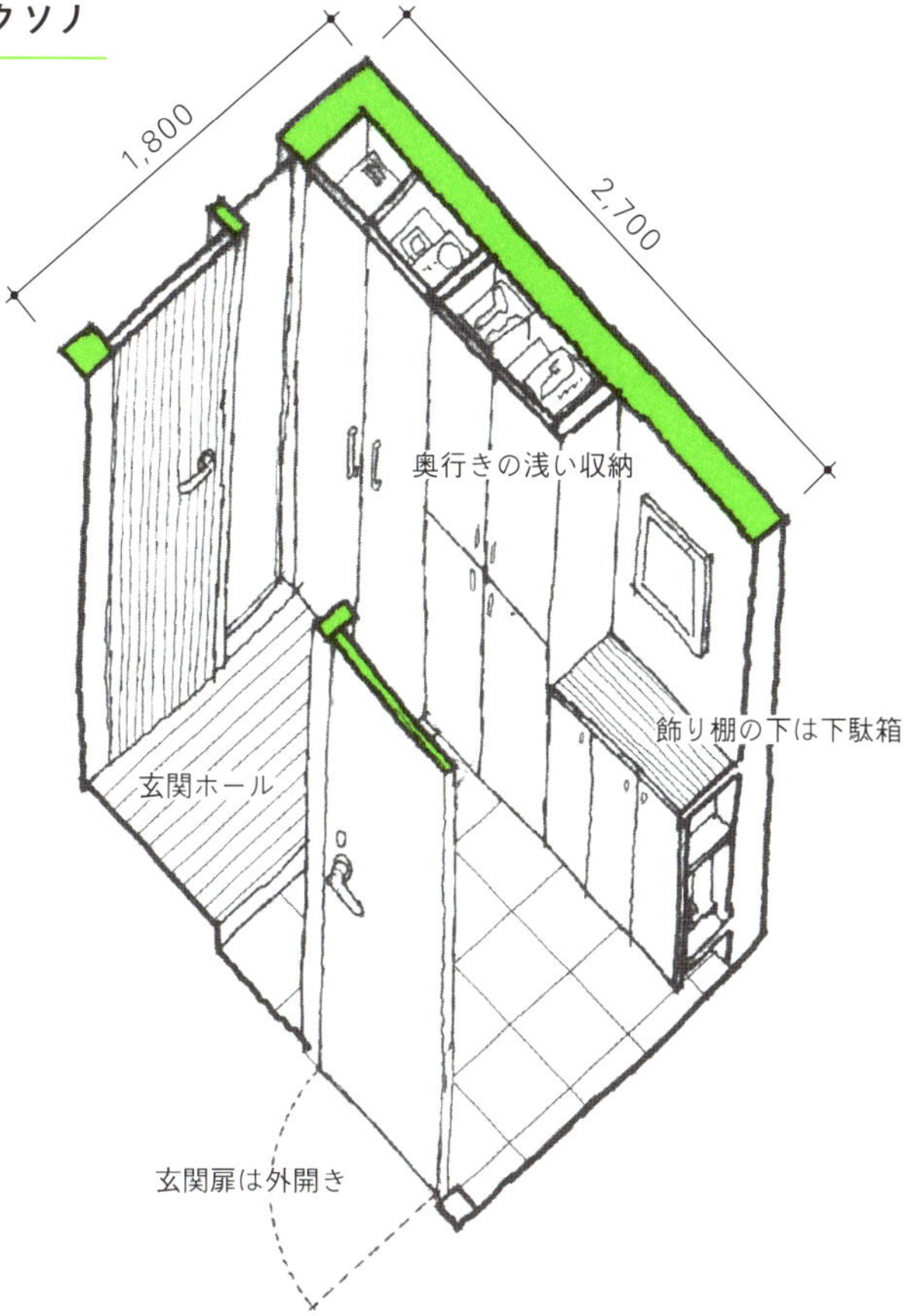

　このようにいくつかの条件を設定して考えていくと、いくつかのプランができます。
「PLAN 3」は土間部分にベンチとテーブルを置き、「PLAN 4」はごく一般的な玄関ですが、奥行きの浅い収納を十分とってみました。
「PLAN 5」は小テーブルと椅子を置いて玄関に小さな応接コーナーを設けた案です。ちょっとした来客の応対や書類のサインなどに便利ですし、何よりも住まいの第一印象がよくなります。土間とホールの段差をどのくらいにするか、またはバリアフリーにするかなど家族の将来を考えて判断してください。

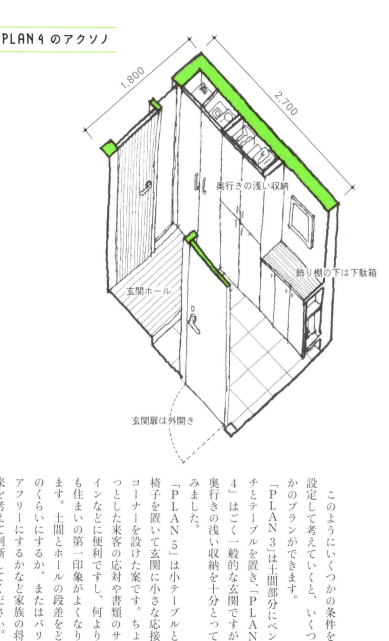

0402

居間を設計するプロセス

住まいに中で「居間」は、台所・食事室とともにもっとも重要視されるスペースかもしれません。家族の中のパブリックスペースとして、家族の団らんや来客の応接に、またテレビや音楽鑑賞の場でもあります。かつては、囲炉裏やコタツを囲んでの家族の対話がありましたが、現在では、その中心がテレビにとって変えられたといわれています。ですから、家族の団らんを大切にし、テレビのない居間などの提案も検討する価値はあるでしょう。

　居間に必要な家具は、定番の

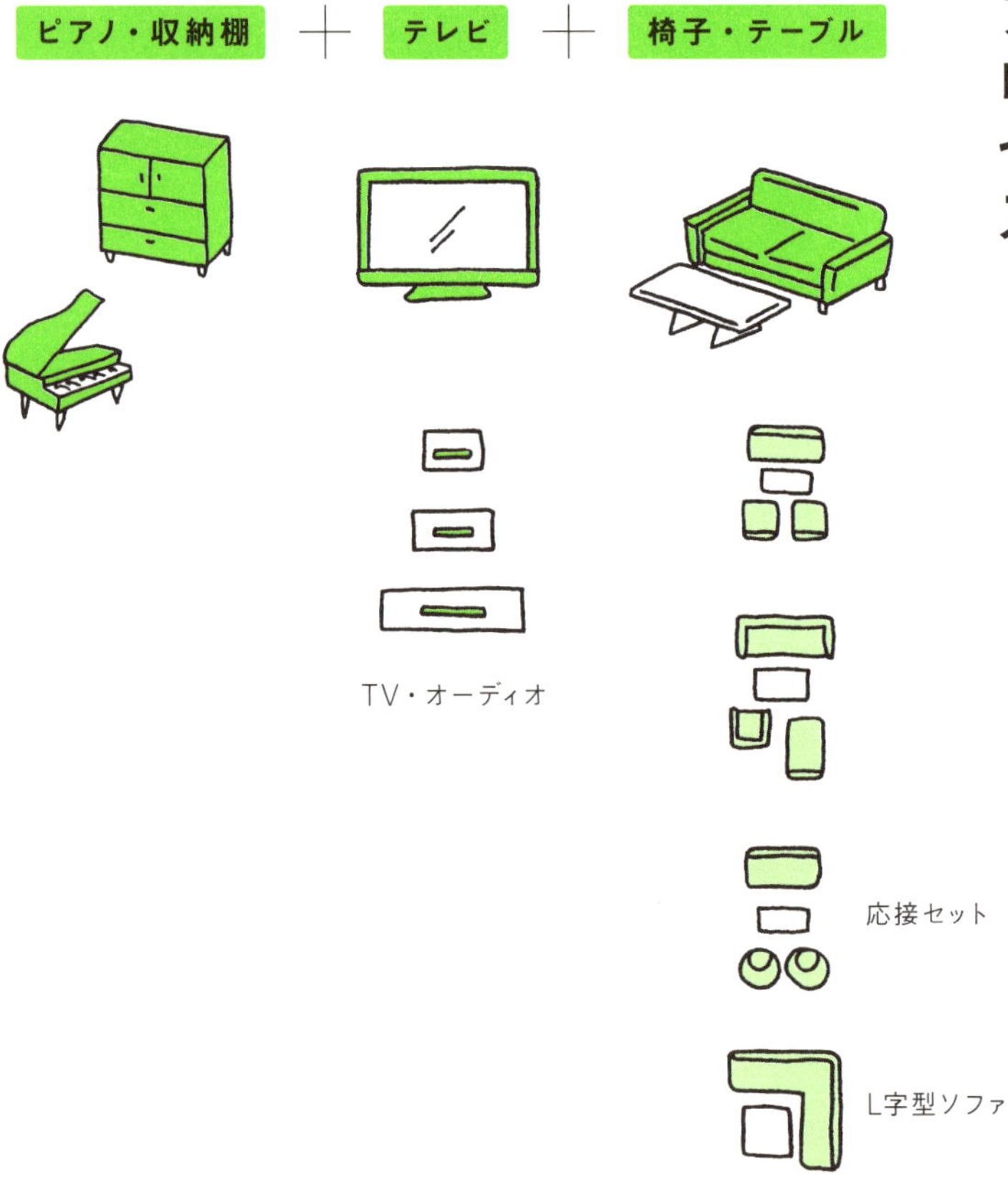

応接セットですが、よりリラックスできて簡易ベッドになる造付けのソファなども大変落ち着きます。一人用のリクライニングソファは音楽鑑賞やテレビ鑑賞を趣味としている方には必要でしょう。その他にテレビとテレビ置台と兼ねた収納家具、ときにはピアノやオルガンなどを置く家庭もあります。

また、主人の座をテレビに奪われたという家族には、新たな中心の座として暖炉などを設けるのもよいでしょう。炎は人を惹きつける力をもっています。炎の揺らぎは見ていると気持ちが前向きになり会話が弾みます。

与条件

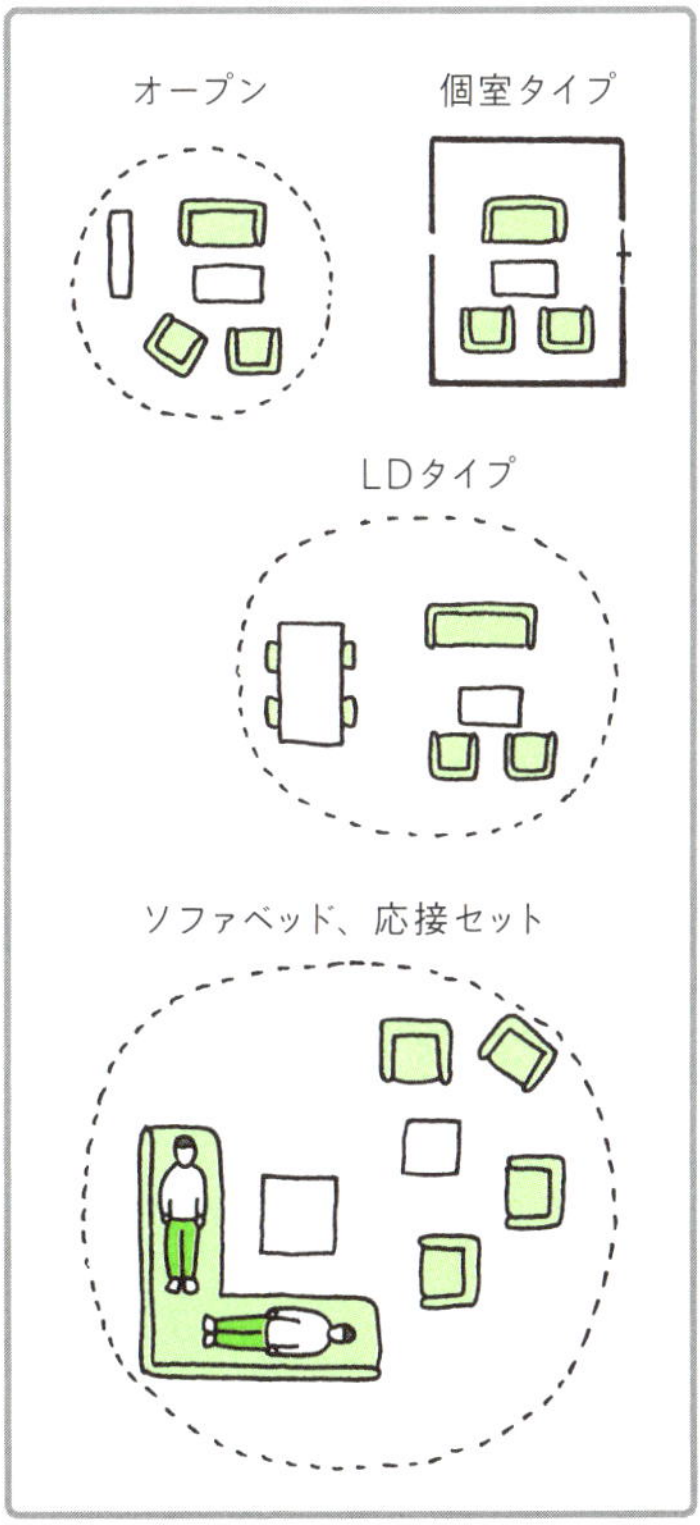

動作・行為

休憩、休息

団らん、会話

テレビ鑑賞、音楽鑑賞

「居間」の空間熟語

PLAN 1

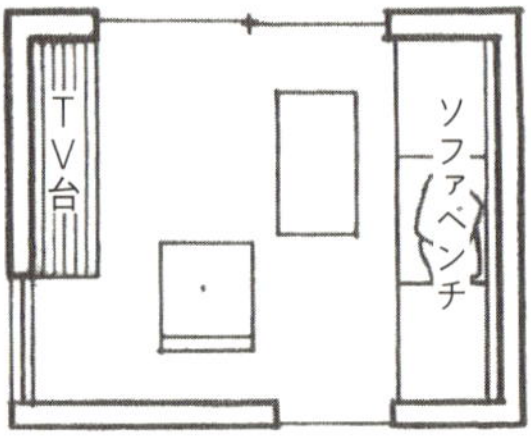

PLAN 2

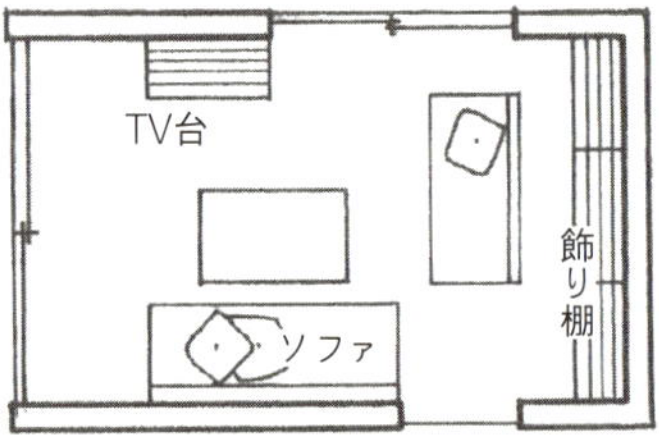

PLAN 3

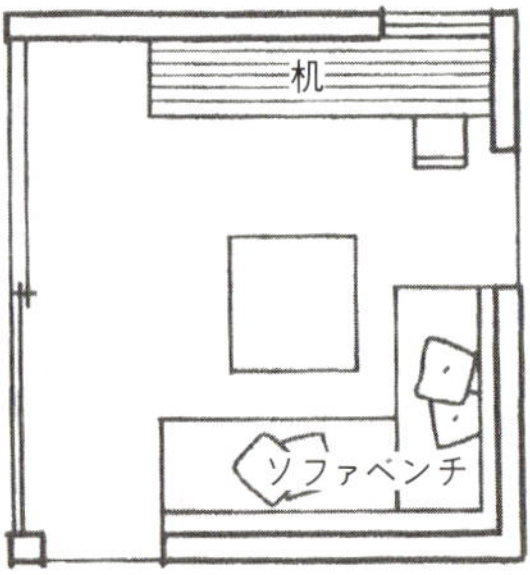

PLAN 4

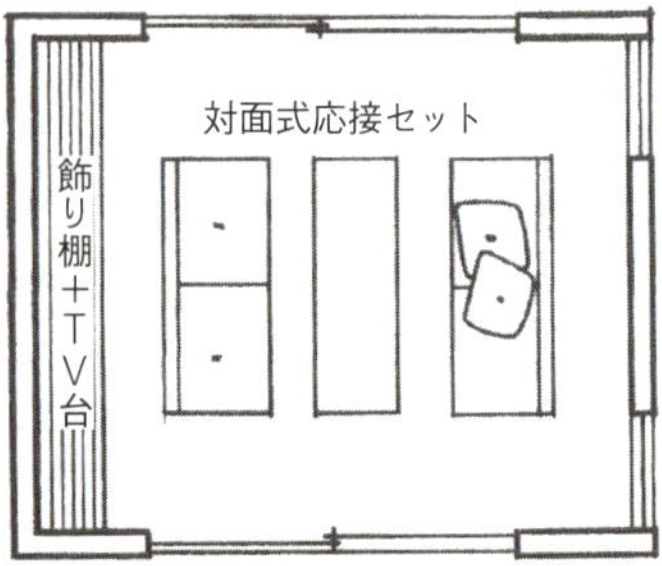

PLAN 5

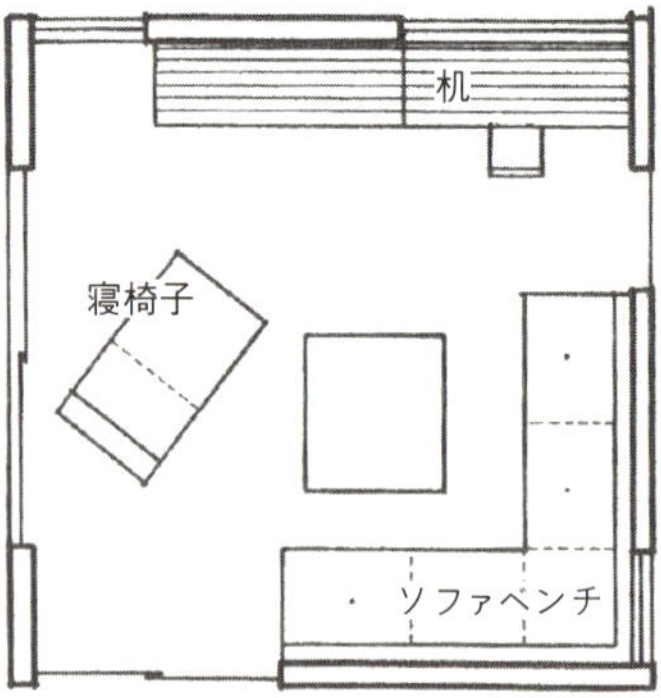

S＝1：100

PLAN 3 のアクソノ

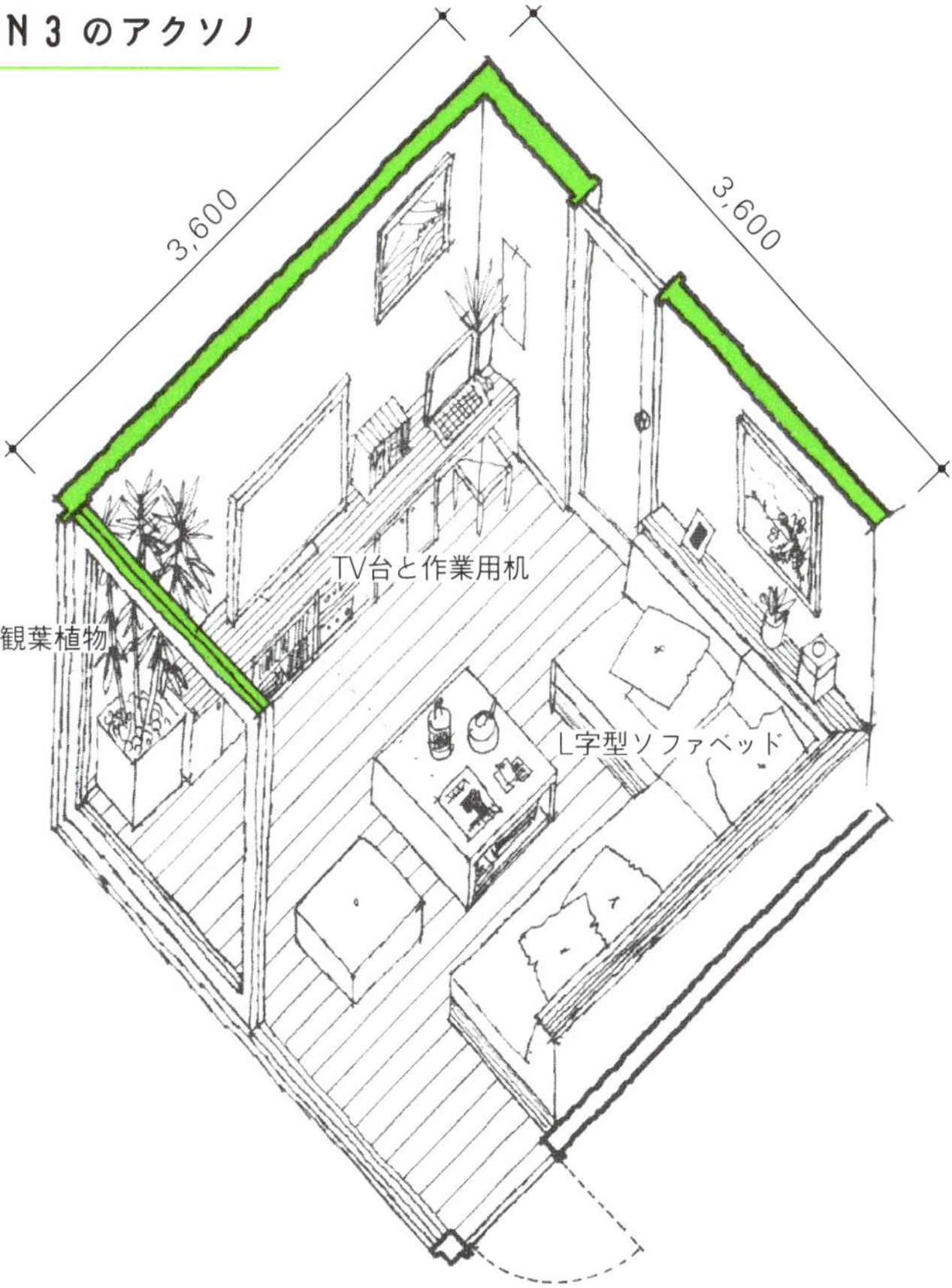

居間での椅子の配置は重要です。何をメインにするかで椅子テーブルの配置は決まってきます。来客との応接、家族の会話を大切にするなら、「PLAN 4」のように対面式の配置がよいのですが、正面に向き合って話をするより「PLAN 2〜3」のようにL字に配置した椅子に座って話す方がかしこまった感じがなく、話しやすいかもしれません。

また、人間の本能として壁を背にして座った方が落ち着くといわれています。壁際に造り付けられたソファは椅子ばかりでなく、寝椅子や来客の簡易ベッドにもなり、多用途に使える優れものです。

台所を設計するプロセス

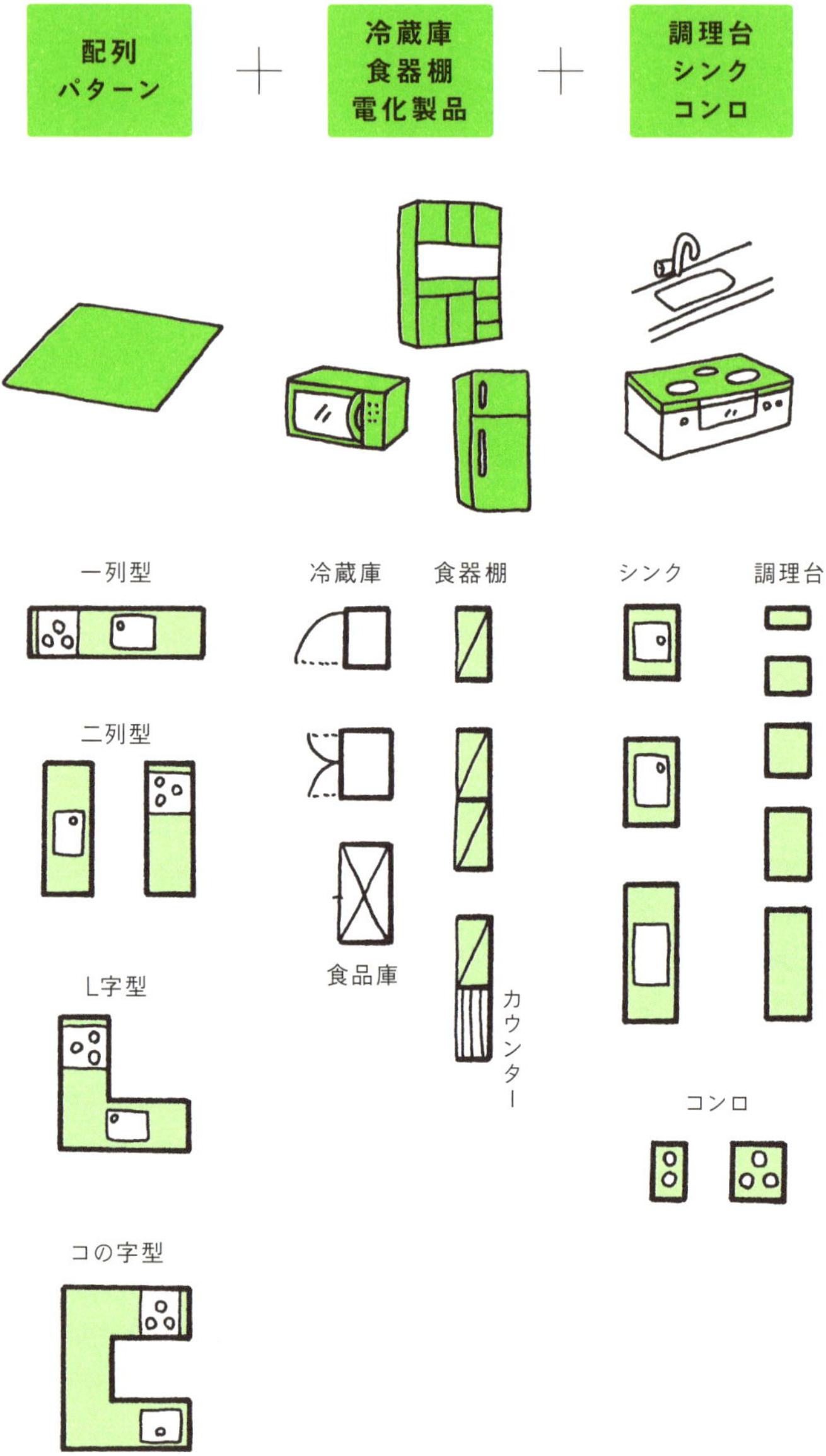

「台所」は住まいの中でもっとも生活のための機器類が集中している場所です。しかも、使用頻度が多く、家事労働を軽減するために機器の配置や作業動線などを上手にとらなくてはなりません。

まず、台所に必要な機器類、調理台、シンク、コンロをメインに考えます。冷蔵庫、食器を収納する棚も必要です。その他に電気釜、電子レンジ、トースターなど、それらの置き場所も考えなければなりません。

さらに、調理には手順があります。食材を洗い、切り、煮る、盛り付けるなどの行為がスムーズに行えるような機器の配置が求められます。

能率的な作業の順序

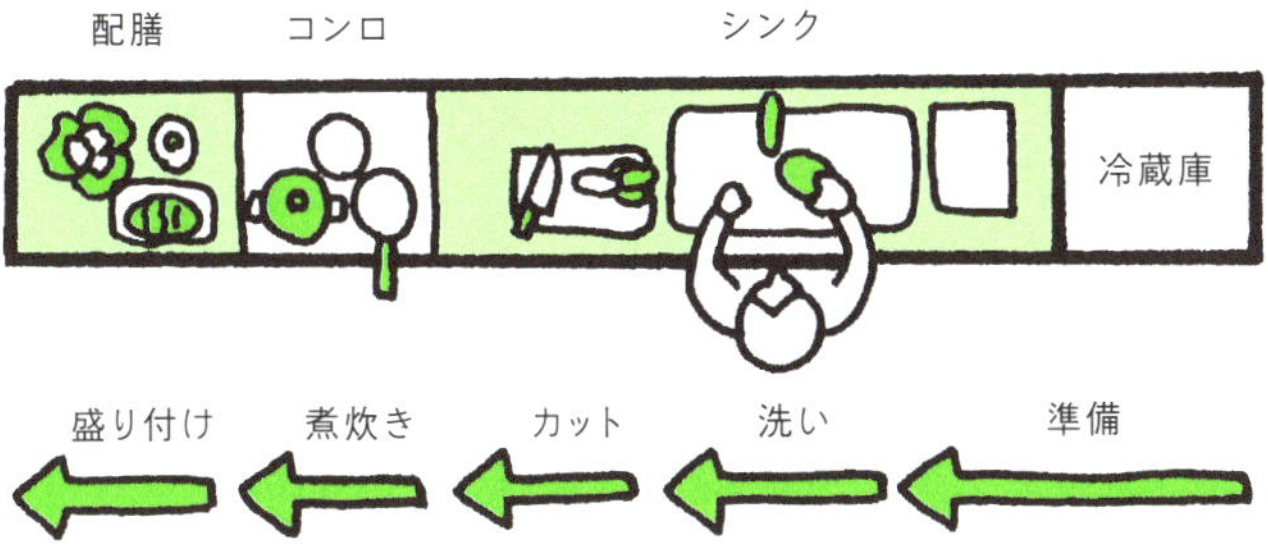

効率のよい動線

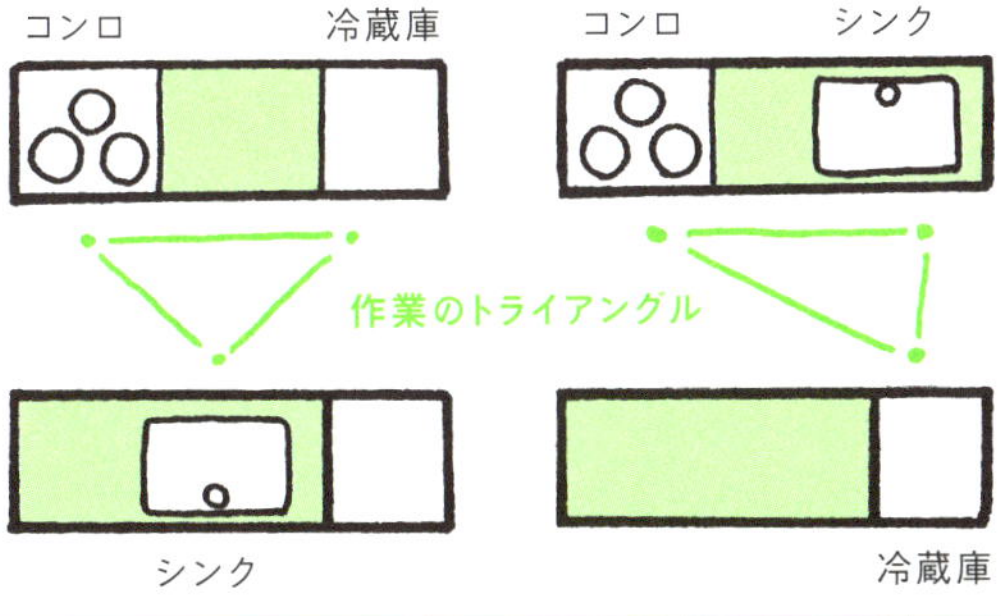

作業のトライアングルの総計の長さが短いほど作業効率がよい

台所用品の必要寸法

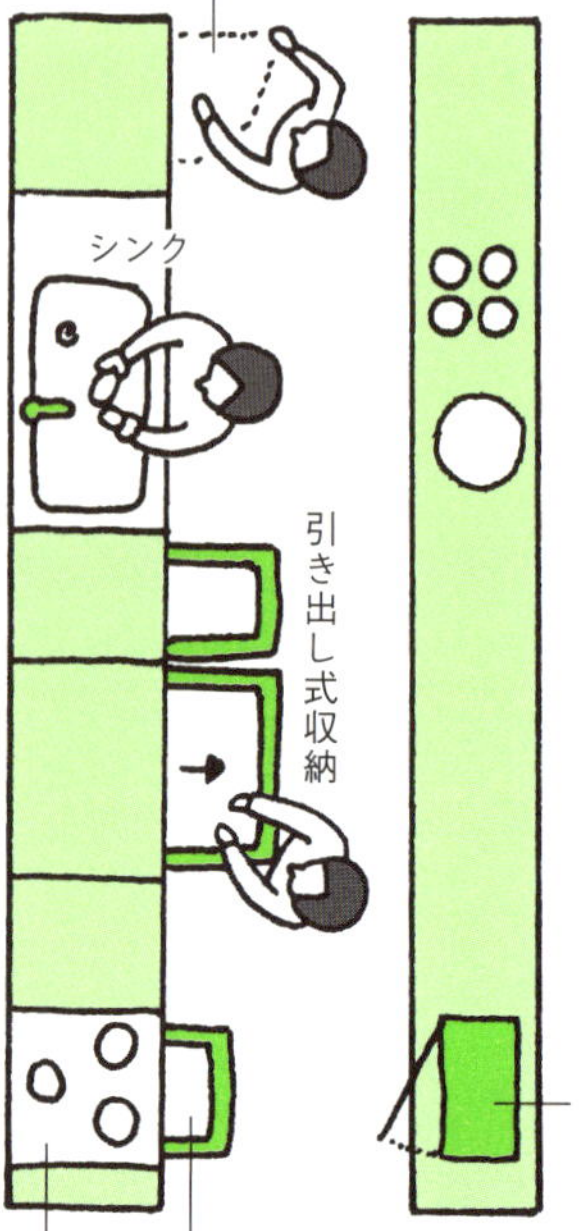

台所での基本動作

調理の手順、機器の配置も重要ですが、調理器具、食器などの収納場所は作業効率の上からもさらに大切です。

調理台や機器は、高さが疲労度と深く関係します。おおよそ「身長の半分」が「調理台の高さ」と覚えてください。奥行きは手の届く距離である600～650程度。

吊戸棚や食器棚の高さも、使う人の身長に深く関係しています。まずは自分の身長を基準にして実際に手を伸ばしながら棚の高さのスケールを習得してください。当然ですが重い物は「下」、軽い物ほど「上」というように、収納する物の大きさを考えらなの間隔を設計してくだ

与条件

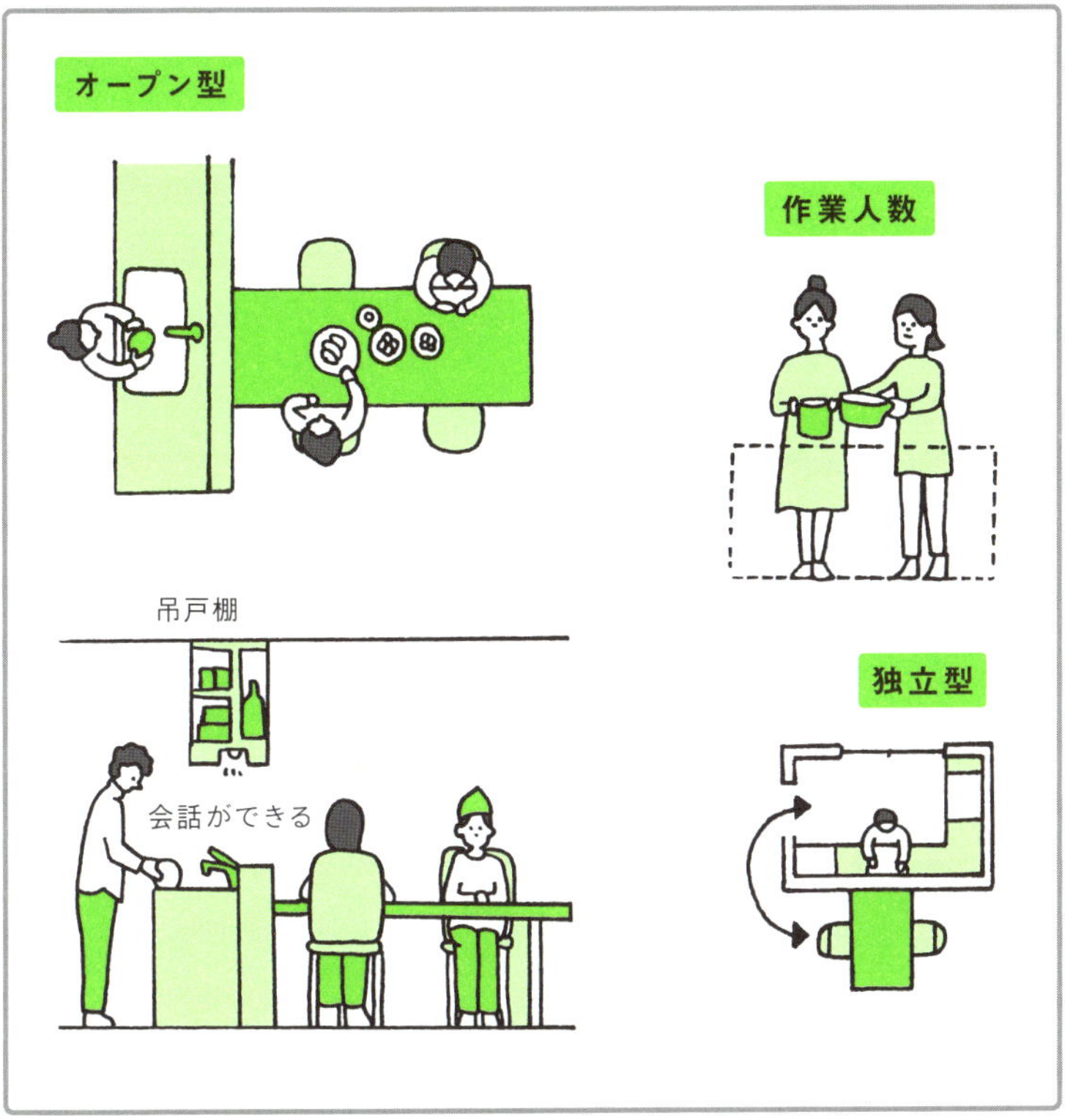

さい。また、冷蔵庫、収納棚の開いたときのスペースも考えておかねばなりません。

ここでは、調理と食事の流れを考え、ダイニング・キッチンとしての食事室を与条件として考えてみます。

まず家族の「人数」が基本ですが、来客と一緒の食事を楽しむ家族には＋客人数を加えます。二人の場合は肩幅４００に、食事をする動作空間である約３００が必要です。ナイフとフォークを持って食事をする動作を試みてスケールを測ってみてください。

四人の食卓の大きさは、おおよそ１５００、奥行きは約８００でしょう。

「台所」の空間熟語

PLAN 1

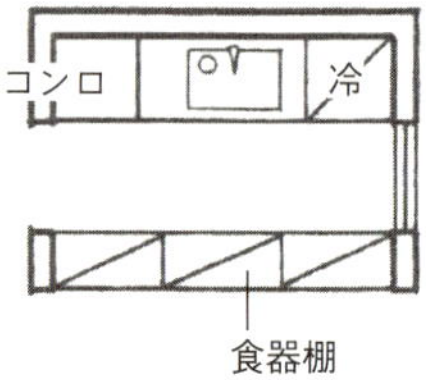

PLAN 2

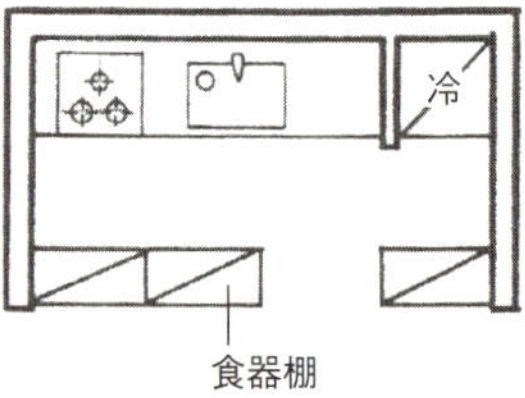

PLAN 3

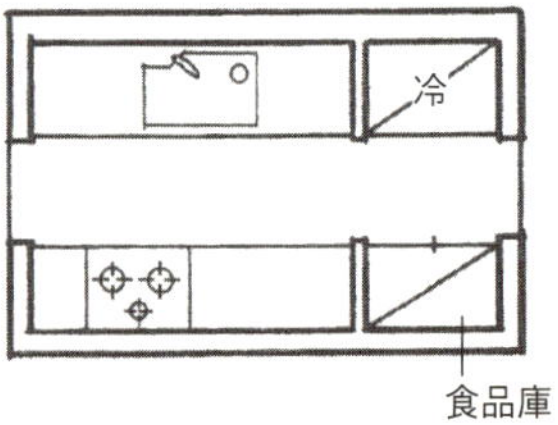

PLAN 4

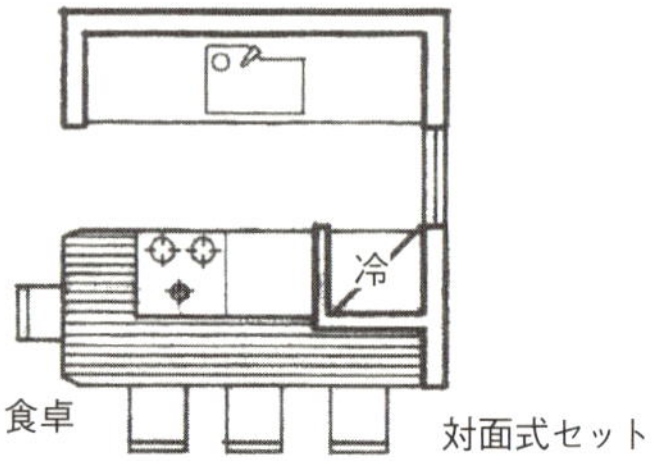

PLAN 5

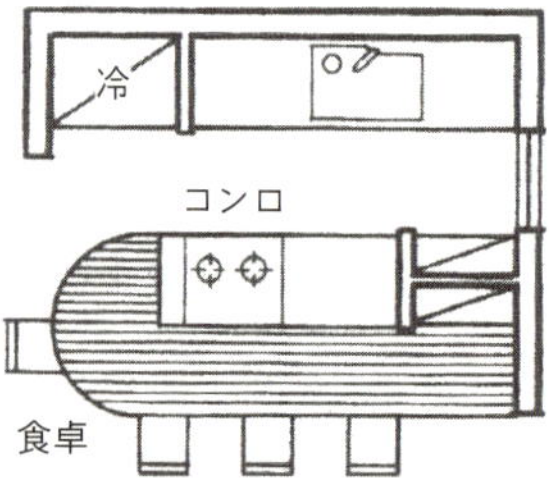

S=1：100

PLAN 5のアクソノ

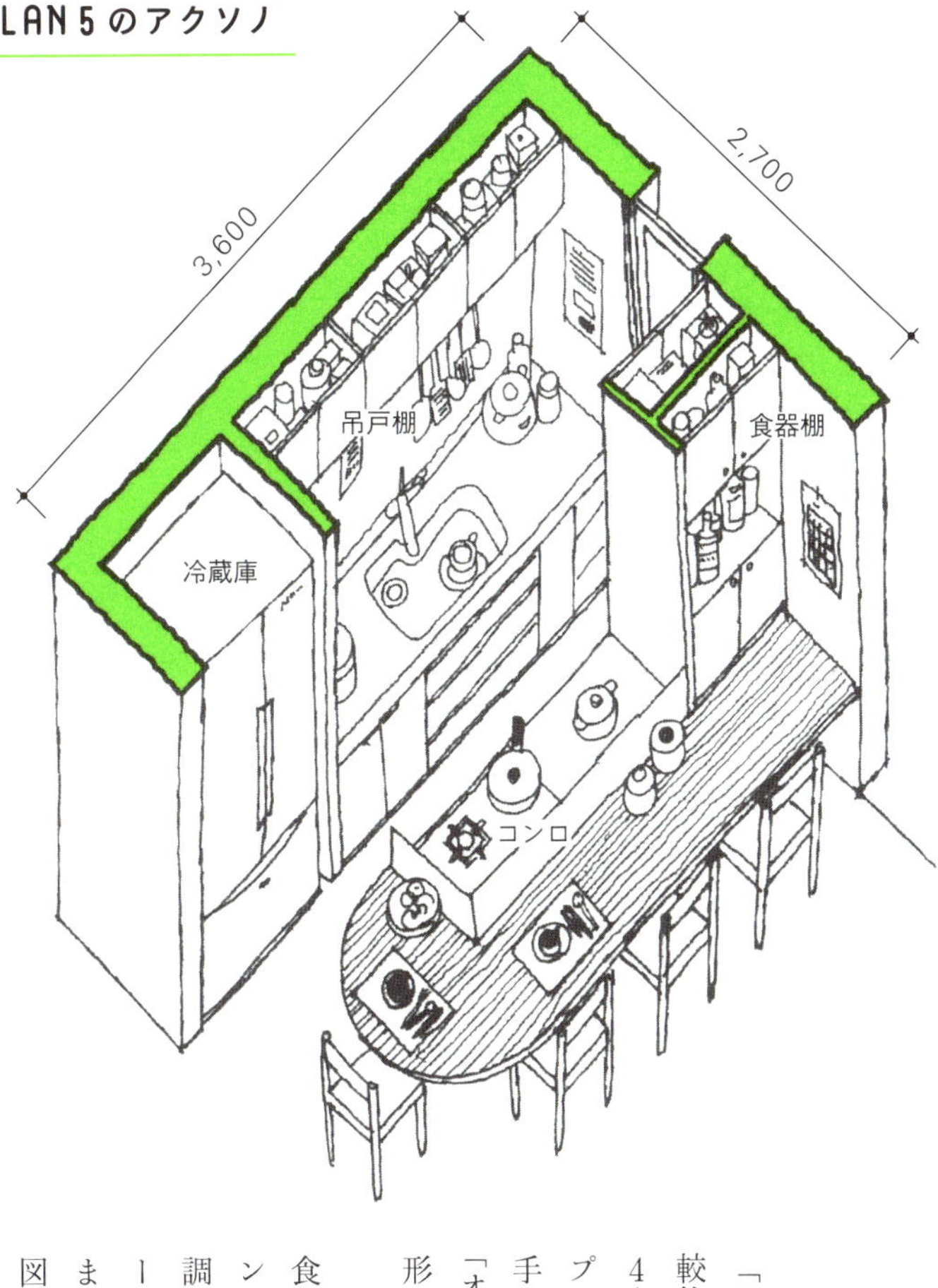

「PLAN 1〜3」は台所が比較的独立したタイプ、「PLAN 4〜5」はアイランド型のオープンなタイプです。片付けが苦手な人は「独立型」、上手な人は「オープン形」というのが台所の形の選択の根拠です。

その他にもオープンな台所と食事室の利点は、スペースをコンパクトに納めることができ、調理と食事の動作の流れがスムーズであることなどが挙げられます。上図のように、立体的な図を描きながら、高さ関係のスケールも検討してください。

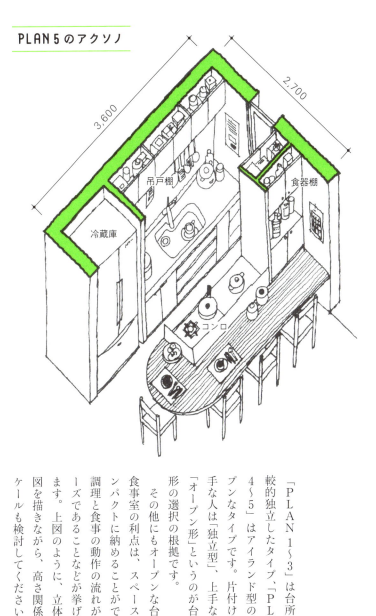

04

水廻りを設計するプロセス

浴室、トイレ、洗面、洗濯などの場所は給排水管などを効率よく配管集中させるためにまとめて配置することが多いので、これらを総じて「水廻り」と呼んでいます。

　水廻りに必要な機器としてまず考えられるのは、浴槽です。おおよそこれは和風、洋風タイプに分類されます。トイレの便器はウォシュレットタイプが一般化されて形もコンパクトされています。洗面器は洗面台と一体化すると、女性の化粧台を兼ね、さらに入浴後の一休みの場にもなります。

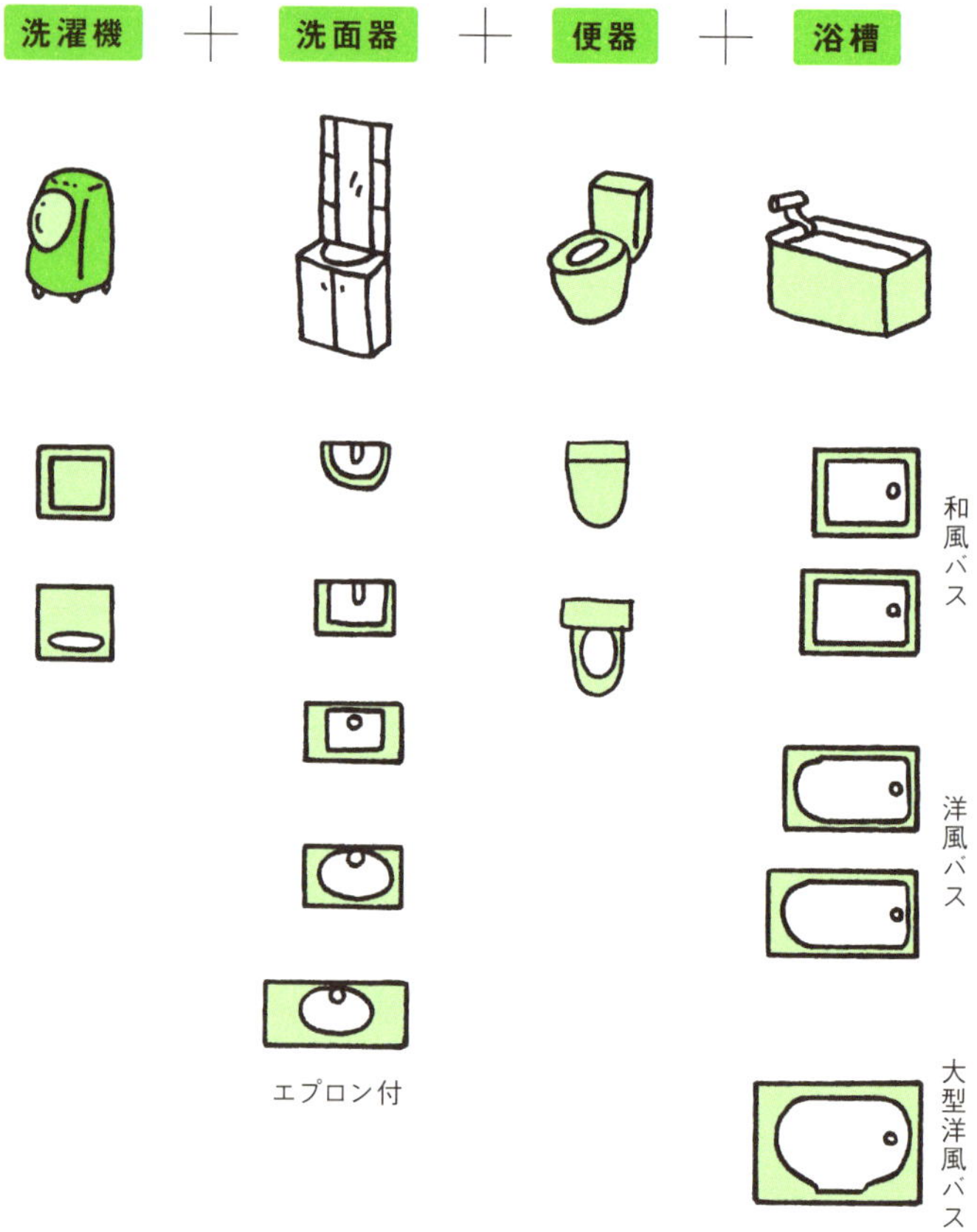

水廻り空間の動作で広さと大きく関係している場所は、浴室ではないでしょうか。ゆっくり足を伸ばして入りたい、ジャグジーがほしいなどの浴槽の要望は、身体をきれいに洗うというだけでなく、疲れを癒す効果を期待する空間でもあるからです。浴室に家族で入ることによって、絆を強めることにもなります。そうなれば、自ずと入浴する人数によって洗い場のスペースは大きく変動します。

また、ホテルのユニットバスのように、浴室トイレ洗面が一体になったタイプ、トイレだけが独立しているタイプなどの水廻りも考えられますが、家族構成や好みを考えて設計してください。

与条件

動作・行為

PLAN 1

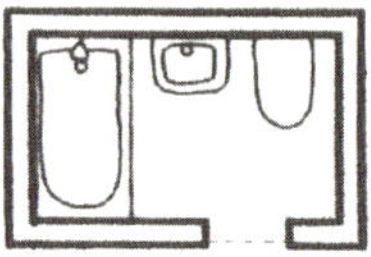

PLAN 2

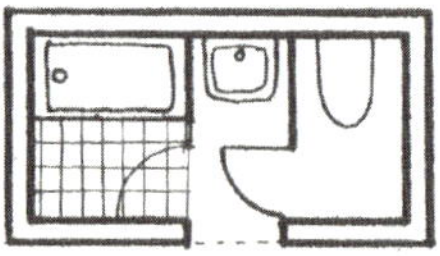

PLAN 3

「水廻り」の空間熟語

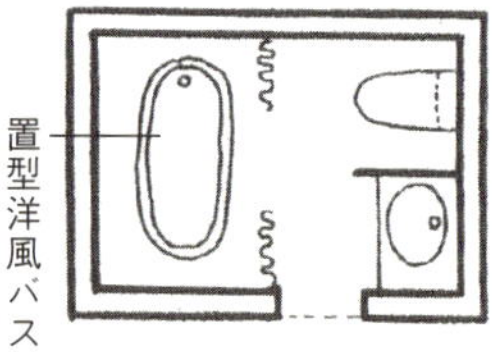

PLAN 4

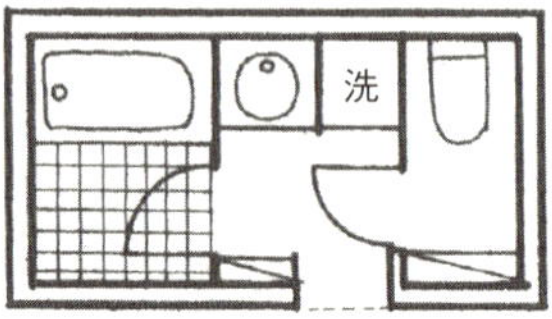

PLAN 5

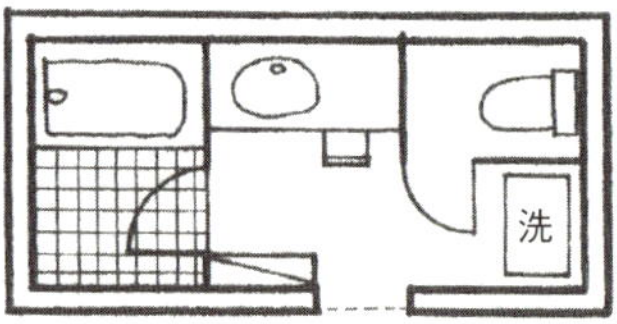

S=1：100

PLAN 4 のアクソノ

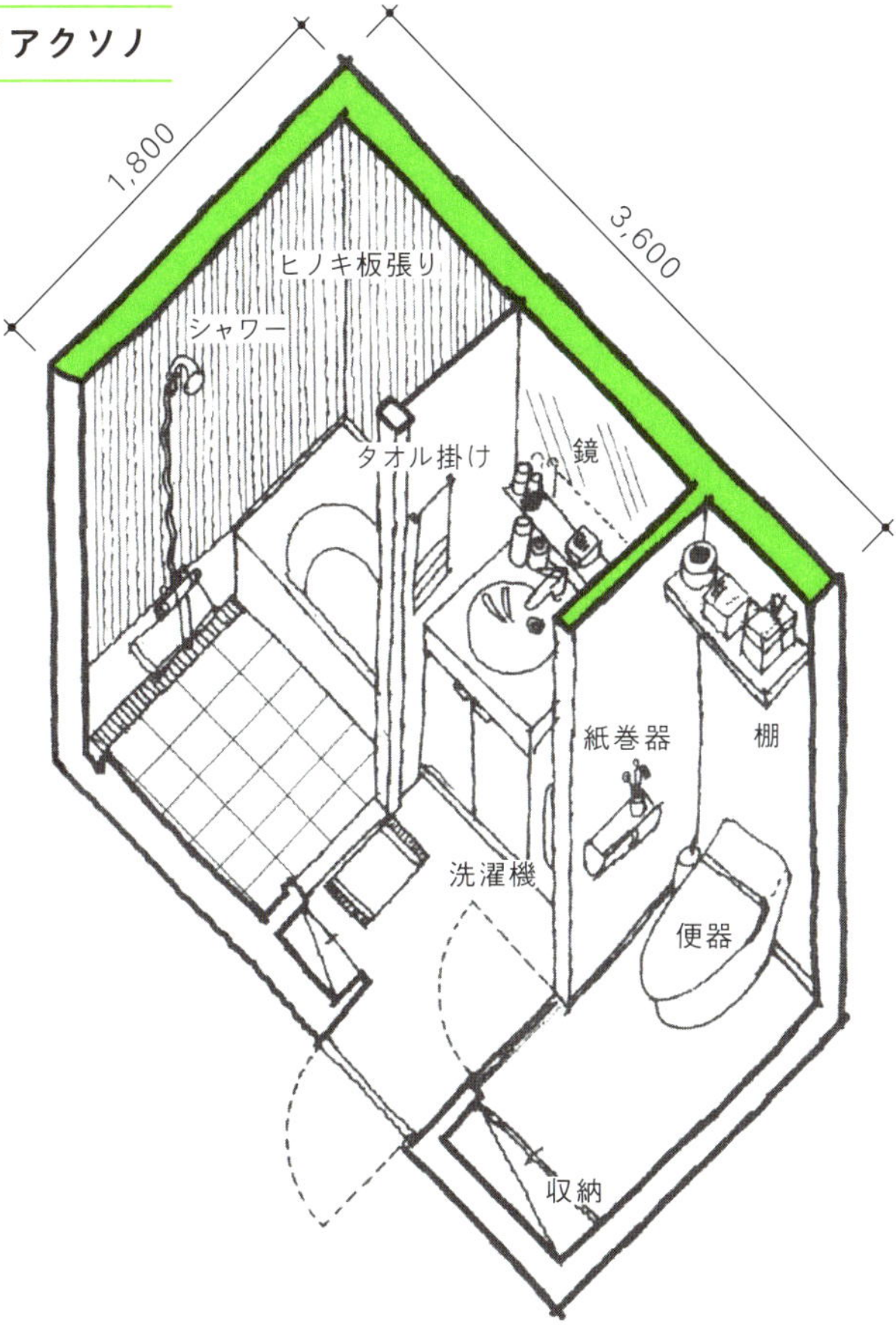

狭いユニットバス形式のタイプから、ゆったりくつろげる化粧洗面台のある水廻りのタイプの例を考えてみました。

水廻り空間はタオル、トイレットペーパー、洗剤など、さまざまな小物類の収納場所にもなっています。無駄なスペースをなくすために、上部の空間を収納などに利用できるよう考える必要があります。壁面にはタオル掛け鏡、棚などが必要ですし、浴室の壁面の仕上げを何にするかなど、立体的に考えてください。

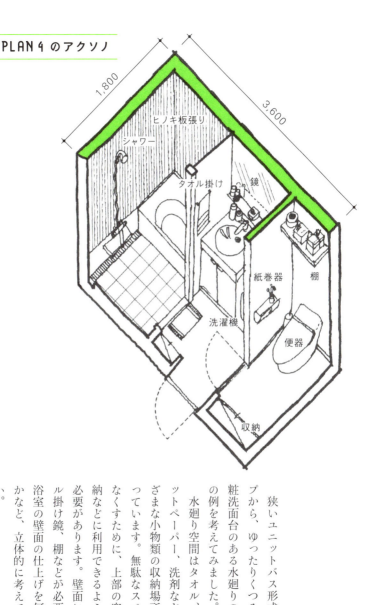

04 05

子ども室を設計するプロセス

子ども室はもっとも重要視されながら、住まいの中で一番使用期間が短い部屋といわれています。それは、子どもが受験を控えて勉強部屋が必要になる時期から、成長し大学進学や就職によって家を離れるまでの期間がわずか5～10年しかないことに由来します。子どもの将来のためによい環境を用意したにもかかわらず、10年後には物置になってしまうというのは残念です。

そのような理由から、子ども室は最小限のスペースでよいという人と、子ども室＝勉強部屋と位置づけ、それにふさわしい

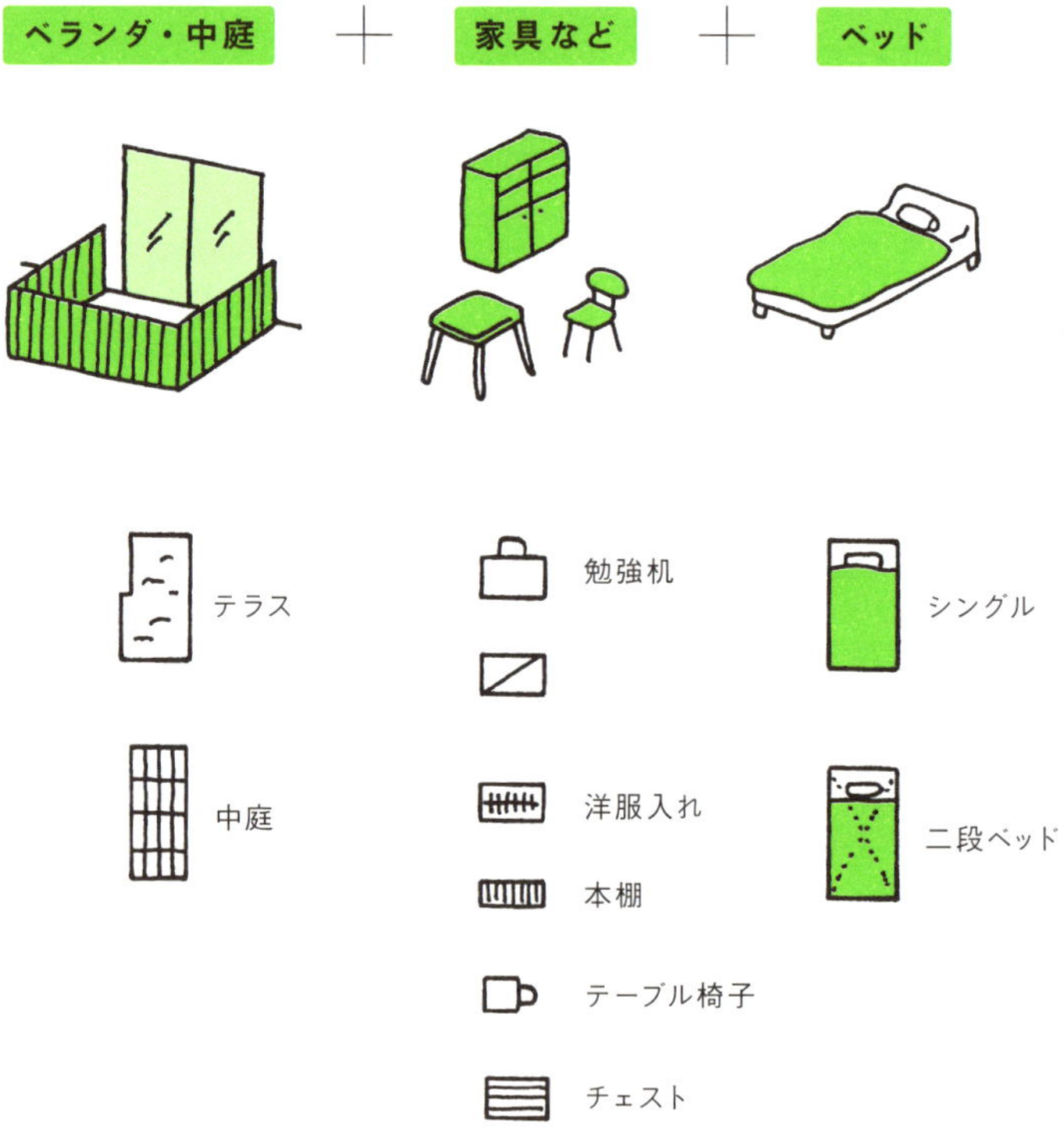

静かな環境を与えるべきという人もいます。どちらにしろ、子どもの成長に自分の部屋での生活体験は人間形成に大きくかかわってくるはずなので、軽視することはできない部屋です。

完全個室の一人部屋にするか、兄弟姉妹の二人部屋にするかは、家族の考え方によります。また、勉強、睡眠の他に趣味・遊びも大切ですし、植物や小動物と接することによる情操教育も幼少期には人間形成に大きく影響することを忘れてはなりません。子ども室での動作は主に「学び」と睡眠ですから、広い空間は不必要ですが、リラックスするために軽い運動を行える場があってもいいかもしれません。

動作・行為

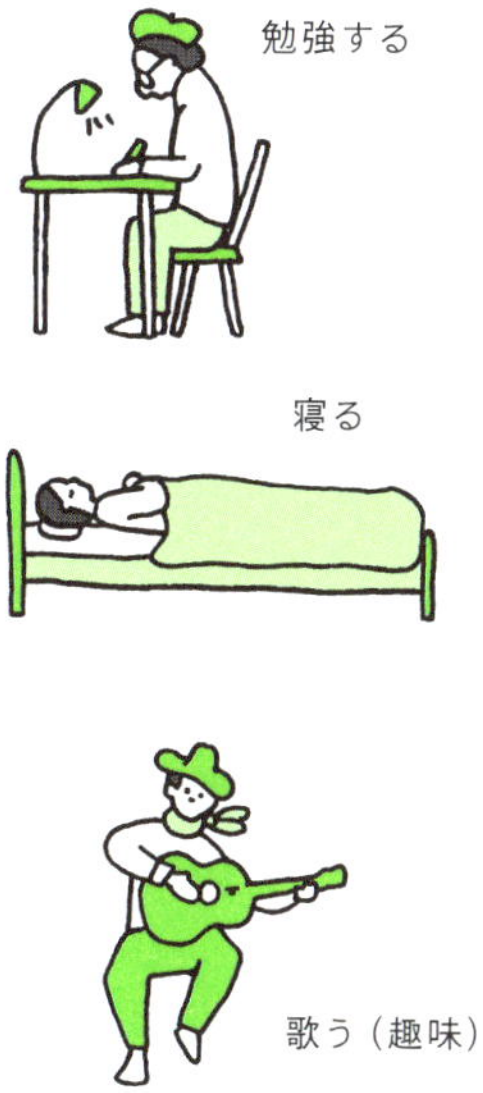

与条件

「子ども室」の空間熟語

PLAN 1

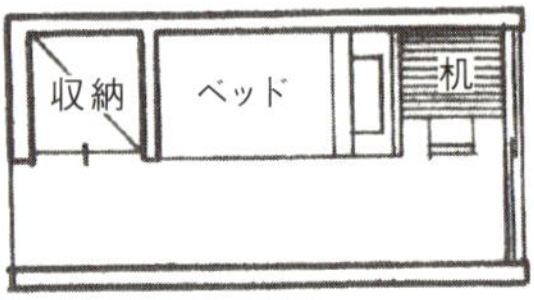

PLAN 2

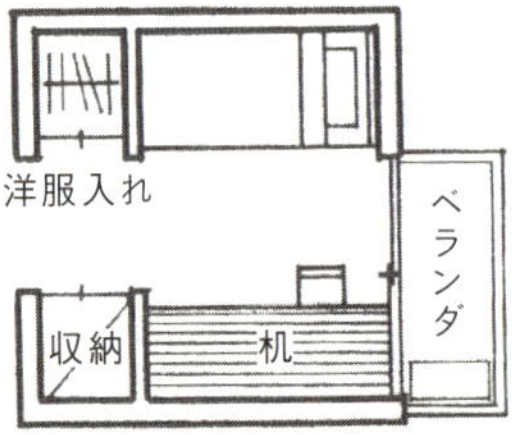

PLAN 3

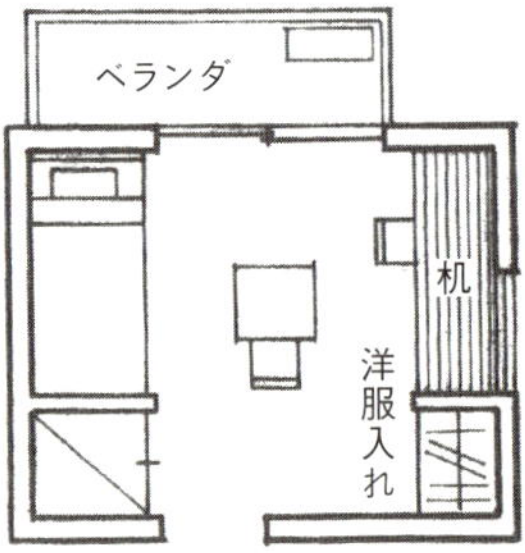

PLAN 4

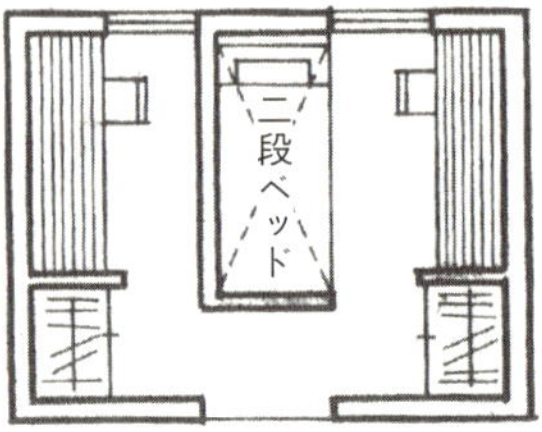

PLAN 5

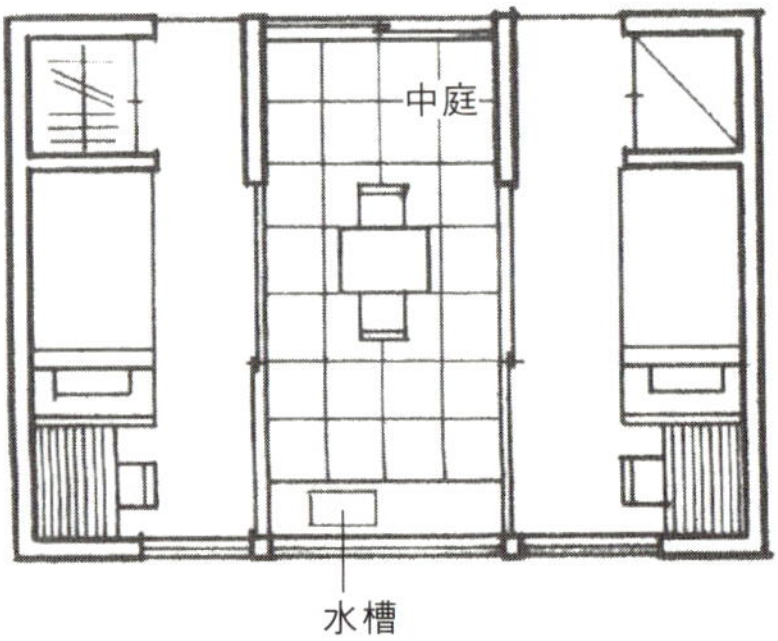

S=1：100

PLAN 5のアクソノ

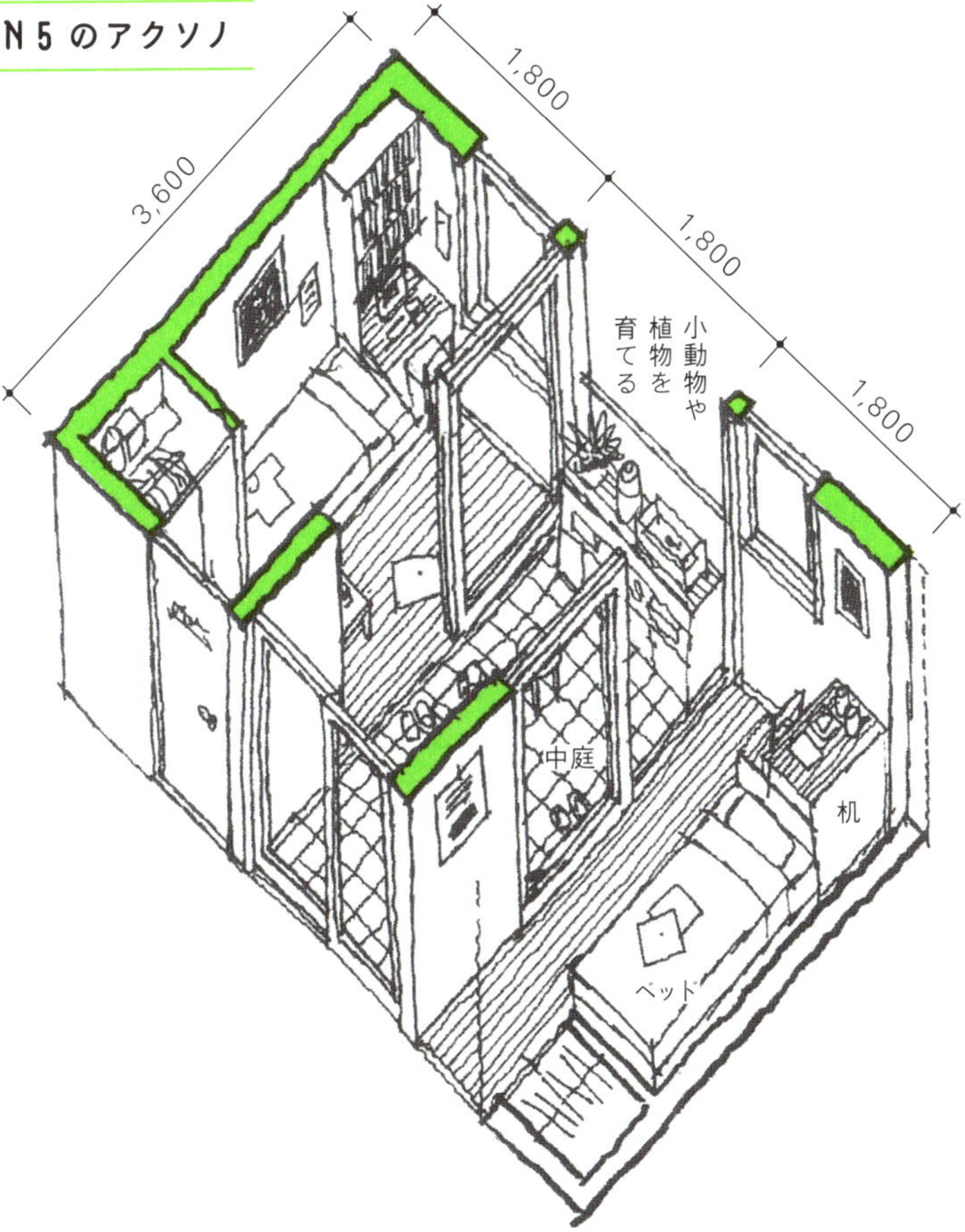

「PLAN 1」は子ども室を意図的に狭くして、居心地のよい居間や食卓に集まるようにする案です。「PLAN 2〜3」は、完全に個室化して子どものプライバシーを尊重する案です。二人部屋の場合、ベッドを二つ並列させる場合と、「PLAN 4」のように二段ベッドにする場合があります。

また、「PLAN 5」は二人の部屋の間に中庭を設けた案です。兄弟の交流の場でもあり、運動する場にも利用し、小動物や植物を育てて情緒豊かな子どもに育てる空間です。

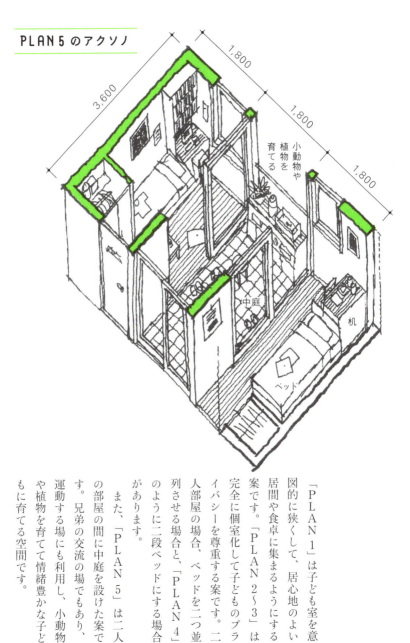

04

06 寝室を設計するプロセス

「寝室」はもっともプライバシーが求められる空間の一つです。一般的に住まいの中で一番奥まった場所か、上階に配置されることが多いのですが、それは道路から遠く、車の振動の少ない静かな場所が求められるからです。

　和室に布団を敷いて寝るという部屋を多用途に使う場合も少なくありませんが、ここではベッドでの寝室を考えてみます。夫婦二人の寝室で必要とされるのは、ベッド、クローゼット、ドレッサーなどです。少し空間に余裕があれば、書斎机やナイ

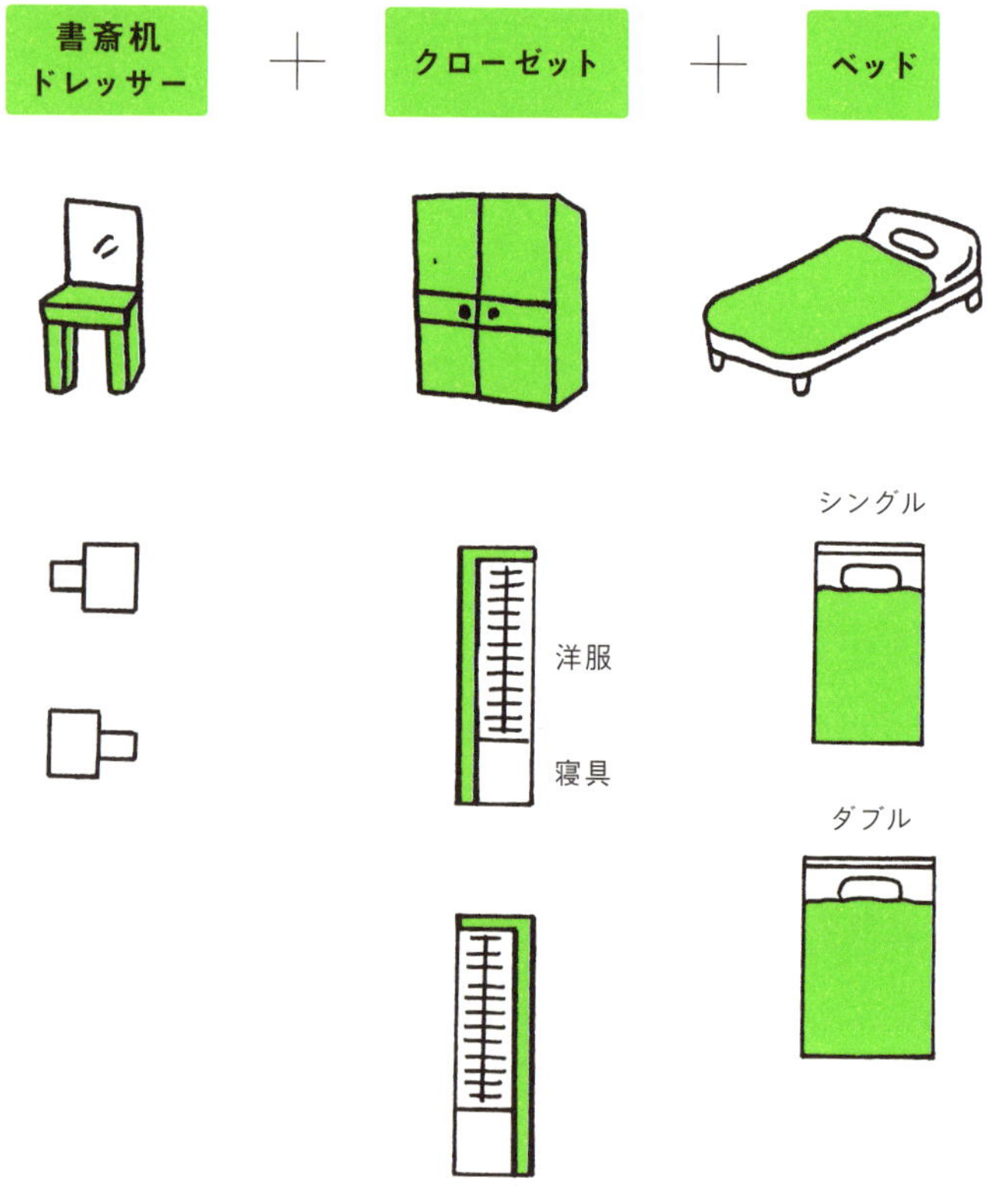

トキャップのための椅子テーブルなどがあってもよいかもしれません。ベッドはシングル、セミダブル、クイーン、キングなどの選択は部屋の広さと、より深い眠りを得るために大きめのベッドを必要とする人には、セミダブルやキングサイズのベッドが必要でしょう。

寝室は睡眠するだけではなく、着替えの場でもあります。寝室の広さを決定するのは、ベッドの大きさと数、そして主な動作は衣類の着脱とベッドメーキングのためのスペースが基本ですが、休み前の飲酒のためのテーブルと椅子が必要とされる人も少なくありません。

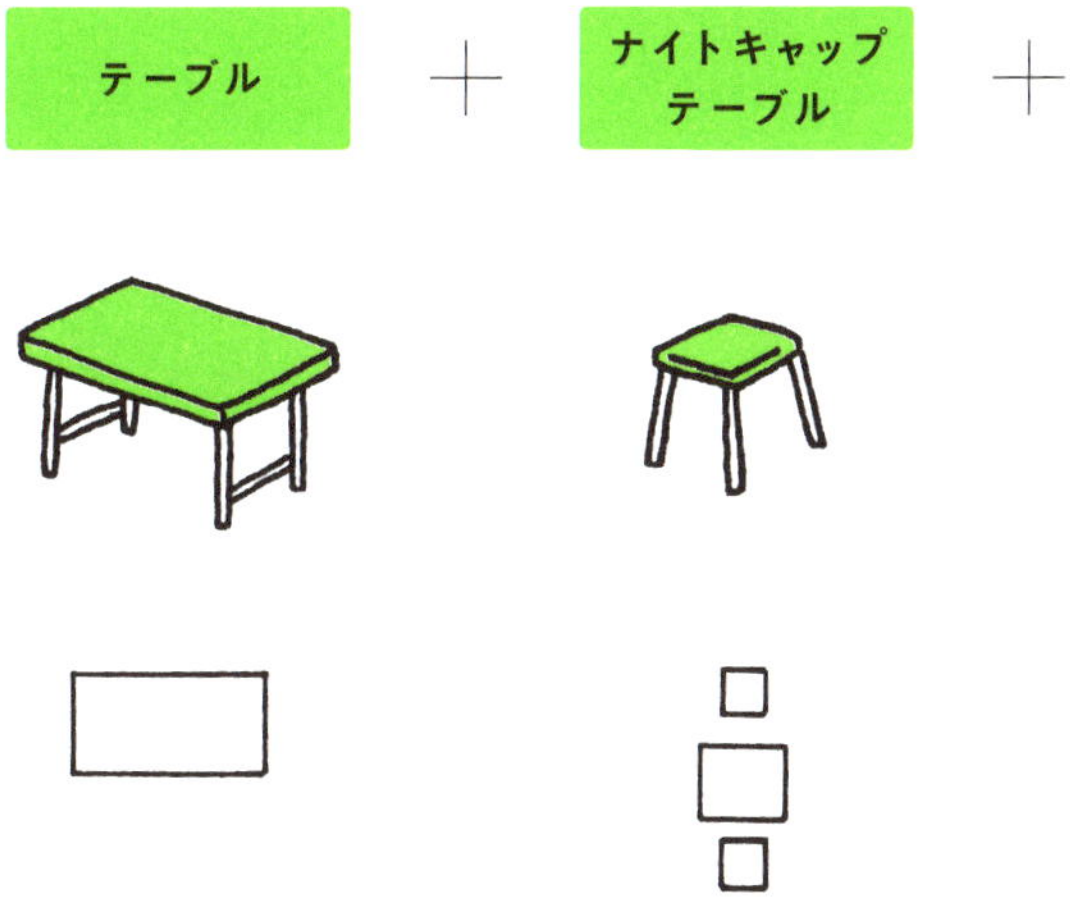

椅子とテーブル

「寝室」の空間熟語

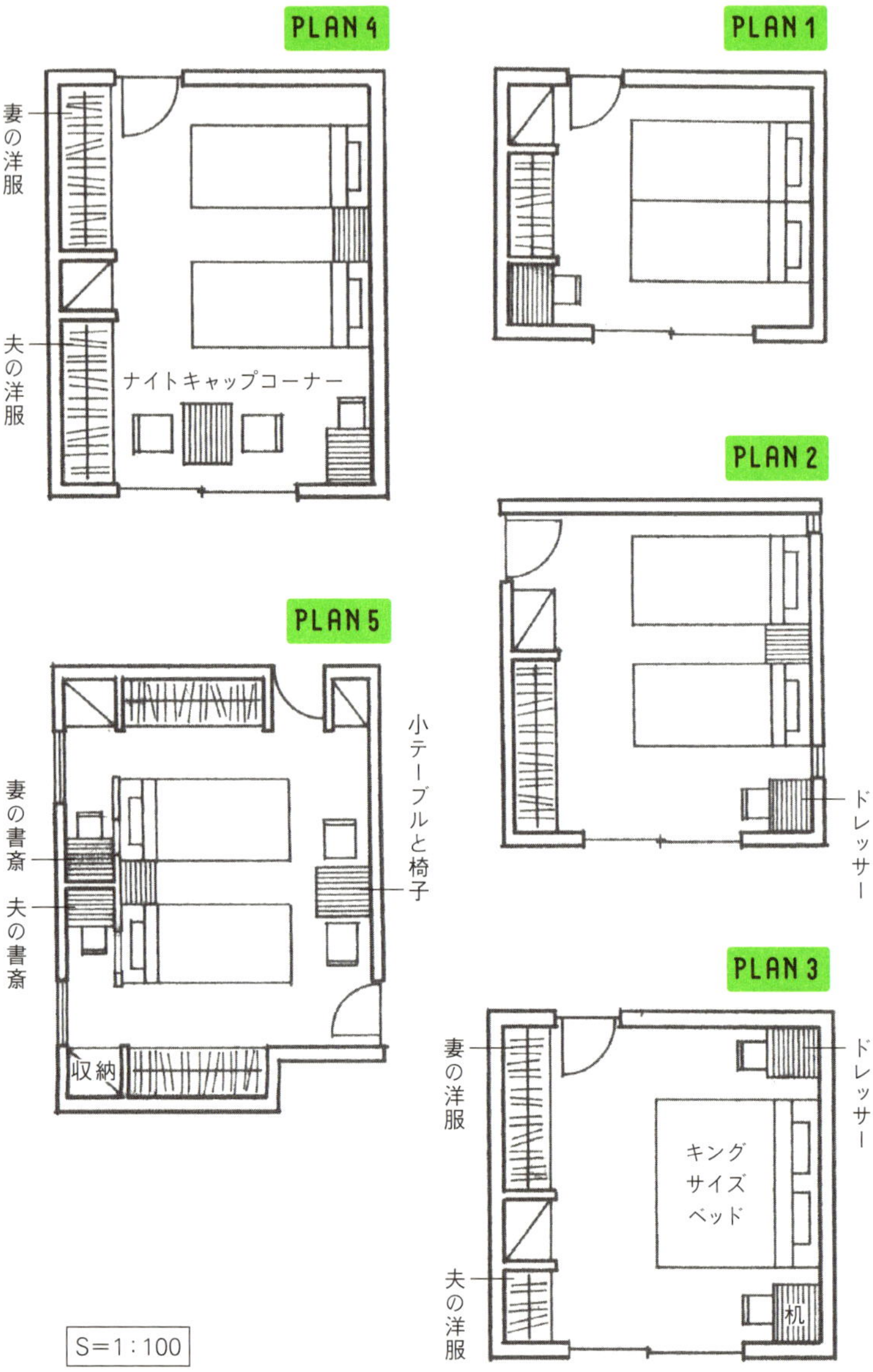
PLAN 4
妻の洋服
夫の洋服
ナイトキャップコーナー
PLAN 1
PLAN 2
ドレッサー
PLAN 5
小テーブルと椅子
妻の書斎
夫の書斎
収納
PLAN 3
妻の洋服
夫の洋服
ドレッサー
キングサイズベッド
机
S=1：100

PLAN 5 のアクソノ

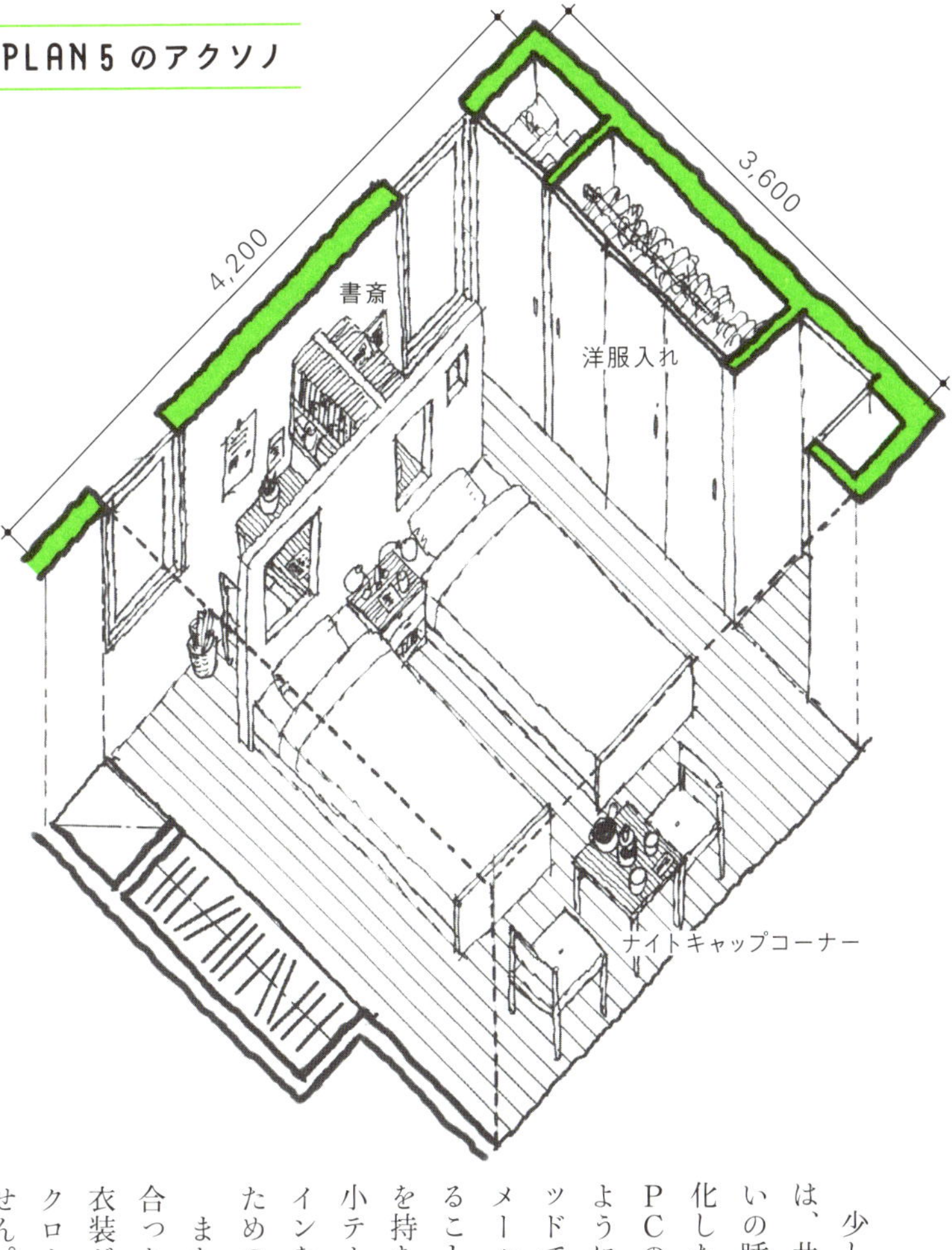

少し贅沢な寝室「ＰＬＡＮ５」は、共働きの夫婦を想定して互いの睡眠を妨げないために個室化したミニ書斎を設け、読書やＰＣの作業などが自由にできるようにしてみました。読書はベッドでもよいのですが、最近はメールのチェックを必要とされることが多くなり、寝室にＰＣを持ち込む人が多くなりました。小テーブルと椅子は、夫婦がワインを酌み交わして会話をするためのものです。

また、衣類の量と寝具の量に合った収納が必要です。ときに衣装が多い人にはウォーキングクローゼットが必要かもしれません。

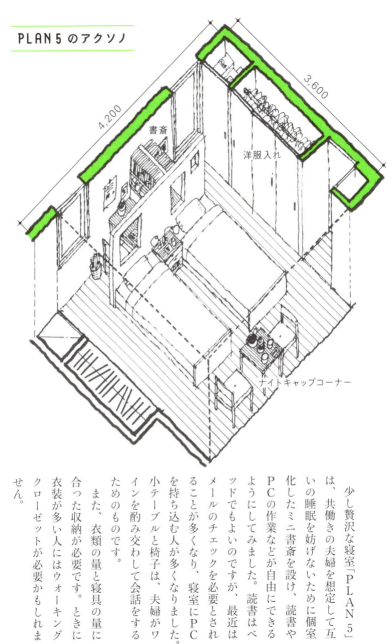

04

07

空間熟語を組み合わせてプランニング

　身体尺を考えながら各部屋のパターン（空間熟語）ができました。それだけでは住まいになりませんから、各部屋を合理的・機能的に組み合わせることによって、一軒の住宅のプランができあがります。

　ここでは、A案とB案として、二つの住宅のプランをつくってみましょう。

　まず、各部屋のプランの中から、与条件に合ったプランを選択します。

A案作成のプロセス

A案は、敷地の東南に玄関アプローチと駐車場を配置した後、パブリックな部屋からプライバシーの高い部屋の順になるように〝間〟を空けて並べます。

そして、居間は共有スペースとして中央の〝間〟の部分に据えつけ、それを囲むように各室を整え直します。

周囲をガラスの壁でつなぎ、庭などの外構を設計すれば、一軒の住宅のできあがりです。

B案作成のプロセス

B案では、東西に細長い共有スペースを置いた後、パブリックな部屋から徐々にプライバシーの高い部屋の順にソケットさせていく方法でできた案です。

部屋と部屋の間にところどころ外部空間を挟むと、通風採光がよくなり、居住性がアップします。

周囲に植栽を配して、各室のつながりや見え方などを検討していけば、B案の完成です。

寝室(04-06)

PLAN 1

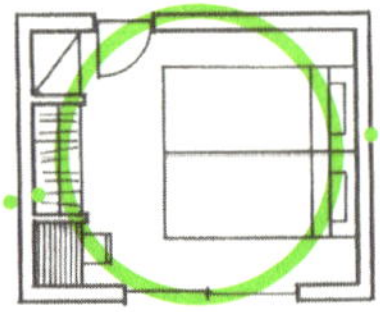

PLAN 2

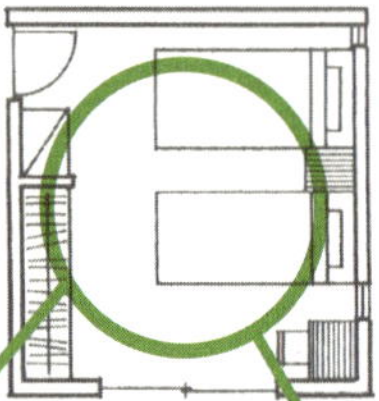

PLAN 3

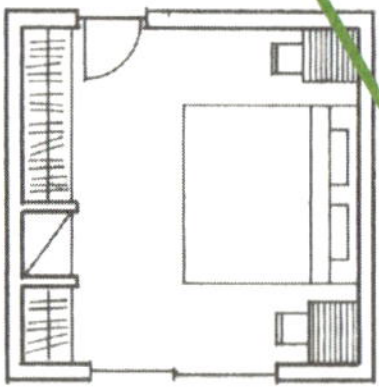

PLAN 4

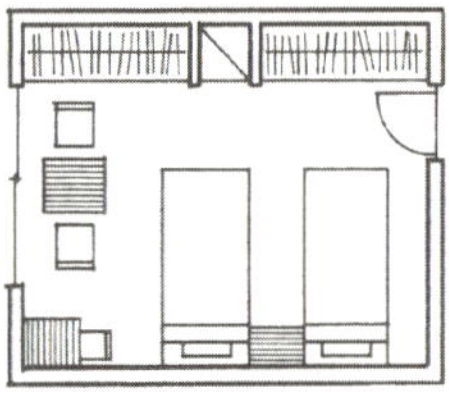

PLAN 5

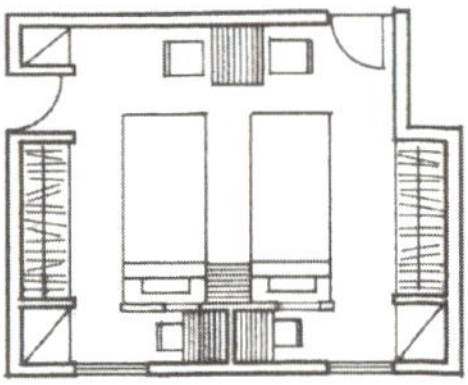

子ども室(04-05)

PLAN 1

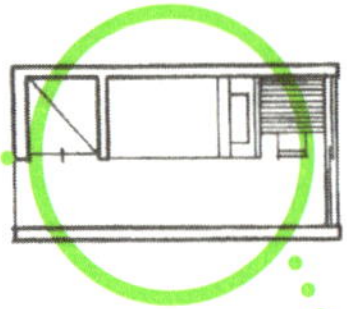

PLAN 2

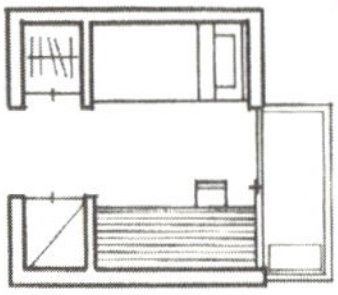

PLAN 3

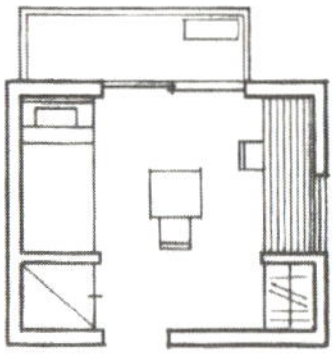

PLAN 4

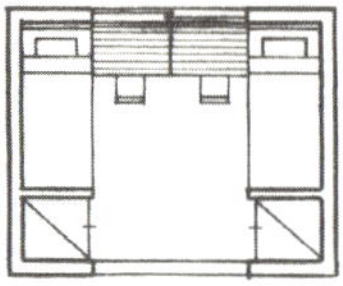

PLAN 5

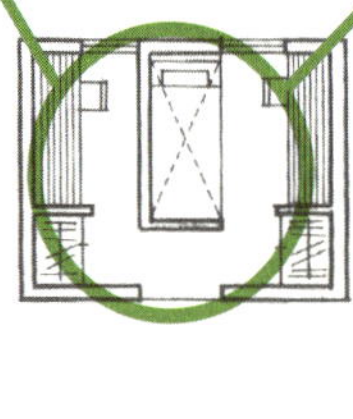

A案 完成図

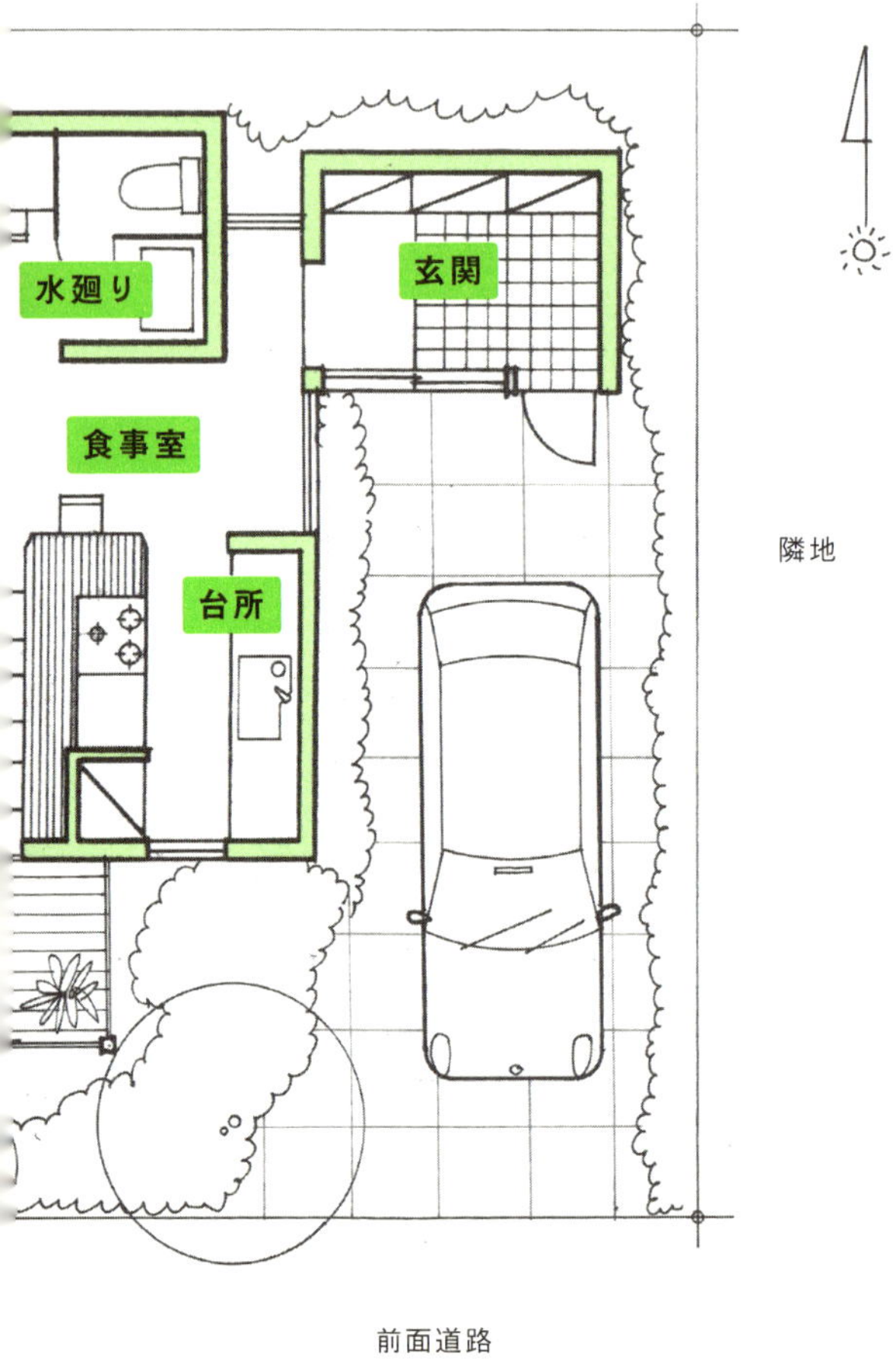

S=1：100

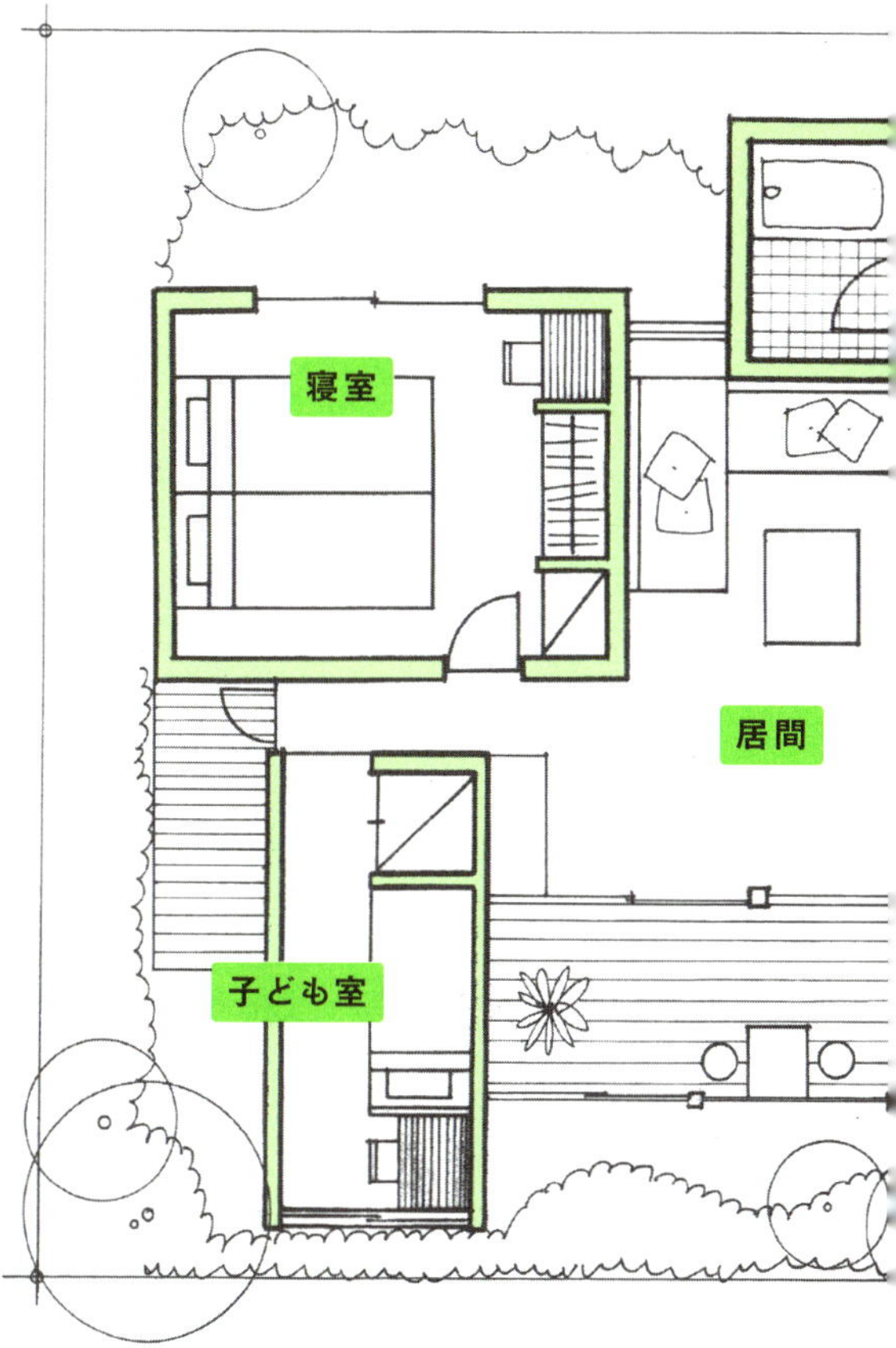
寝室
居間
子ども室

B案 完成図

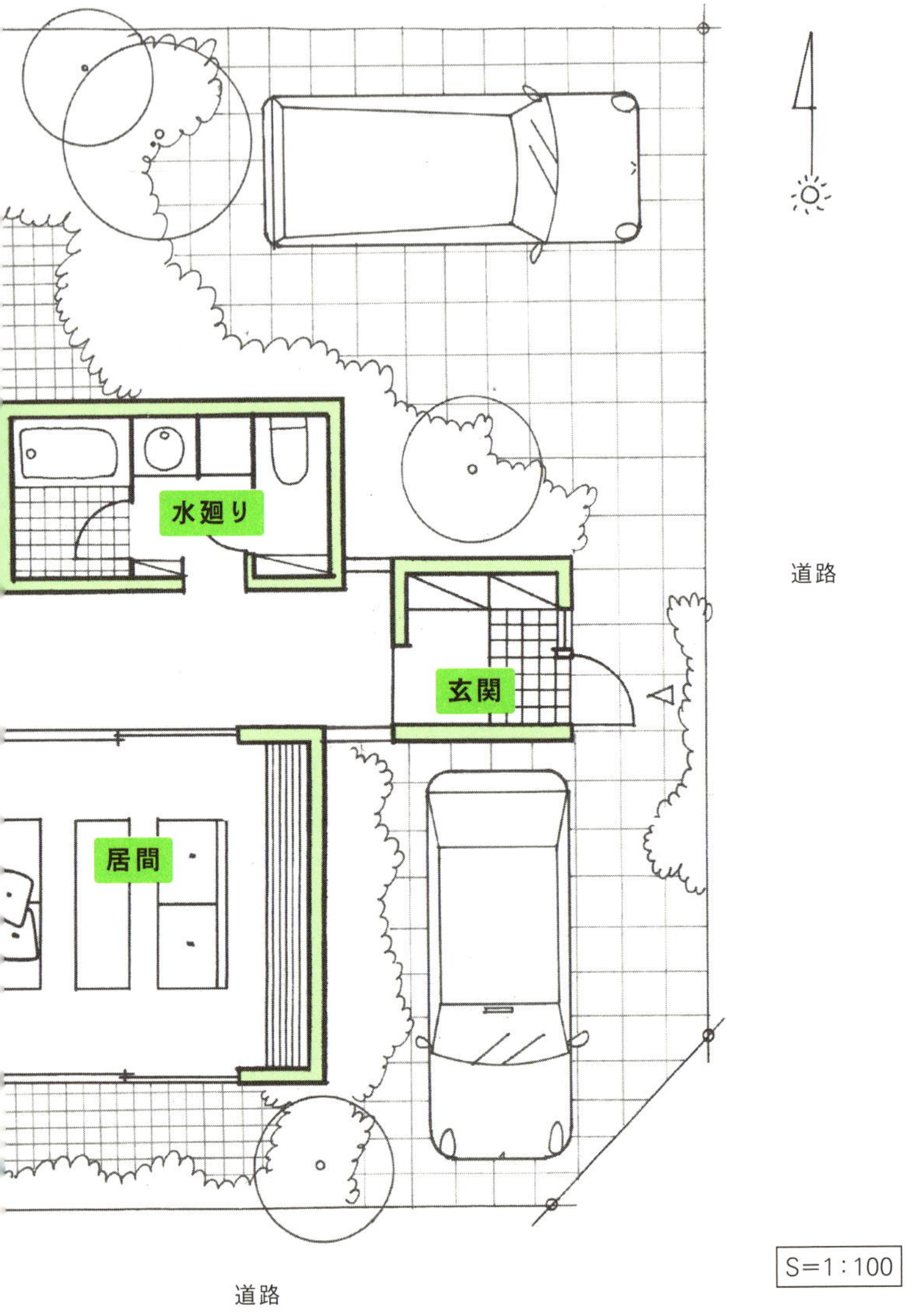

寝室
子ども室
食事室
台所

付録 スケール感のざっくり年表

原始

一般的な事柄

約1万3000年前
狩猟をして生活をする

約1万年前
縄文土器がつくられる

約5200年前
大陸から稲作が伝わる

身体を基本としたモノ・コト

日本

弓……武器、用具。獲物を遠くからでも狙えるように考案された道具。身長より長くても短くても使いづらい

たけ（頭から足までの長さ）

土器……食料を貯蔵や煮炊きをする。家族の人数や構成で大きさも異なる

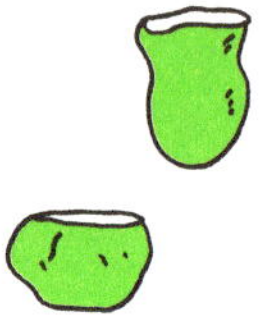

四つん這いで身体を支えていた

二足歩行になり手を自由に使えるようになった

身体で大きさを示す
⇒
身体をものさし代わりにして測ることをはじめた

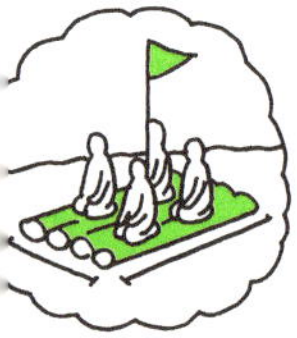

四人が座れるくらいの船をつくる

諸外国

ピラミッド……石一つの単位がキュービットで構成されている。クフ王の大ピラミッドは紀元前2600年頃に建造。

キュービット
（肘から指先までの長さ）

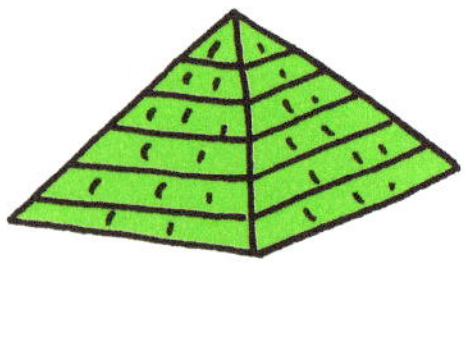

原始	古代
約2300年前 弥生土器がつくられる 約2100年前 青銅器が伝来する 鉄器が伝来する	538年 朝鮮半島から仏教伝来

四ひろ舎……最古の木造最小住居。人間が起居できる高さや面積を持つ

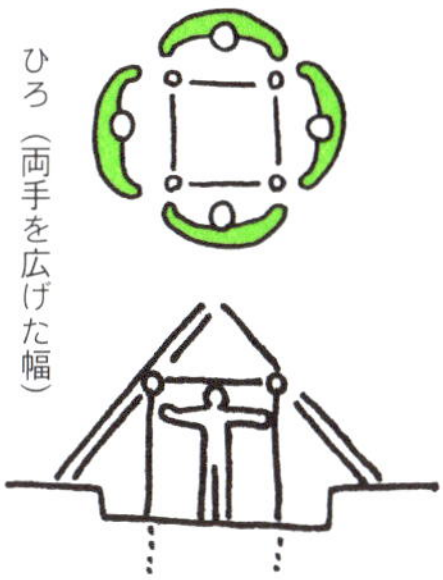

鍬や鋤……農具

古典尺……日本独自の尺
近隣の国から尺が入ってくる

人が集まって住むとき、規範があると統制しやすい

⇓

人間の構造は全世界でほぼ共通している

⇓

身体が基本単位となりやすい

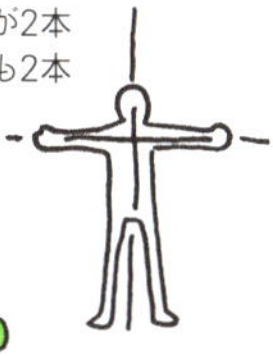

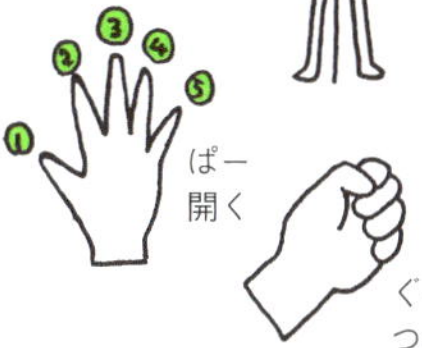

パルテノン神殿……紀元前438年頃。建築を構成する各要素の相対的な比例関係が美しい

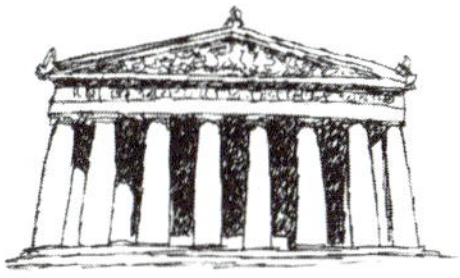

オーダー（古典建築の様式）

ドリス式……もっとも歴史が古く簡素なもの。男性の強さを表すともいわれる

イオニア式……柱頭のうず巻状の装飾が特徴的。女性的な形を表す

コリント式……柱頭の地中海の植物を形どった装飾が特徴的。少女のほっそりした姿を表す

ウィトルウィウスの『建築十書』……紀元前25年頃。現存する最古の建築理論書。人体比率が詳細に書かれている。「神殿建築は人体と同様に調和したもの」と提唱

		古代	中世
一般的な事柄		646年 大化の改新 701年 大宝律令 1156～1159年 保元・平治の乱	1185年 鎌倉幕府成立
身体を基本としたモノ・コト	日本	**天平尺**……古典尺と周尺を折衷した尺 **条坊制**……天平尺を用いて考えられた都市計画の区画配置 **曲尺**……約30・3cm	建築や着物など、さまざまなものに尺が与えられる（規格化のはじまり）
	諸外国	**周尺**……中国の尺 **高麗尺**……朝鮮の尺	

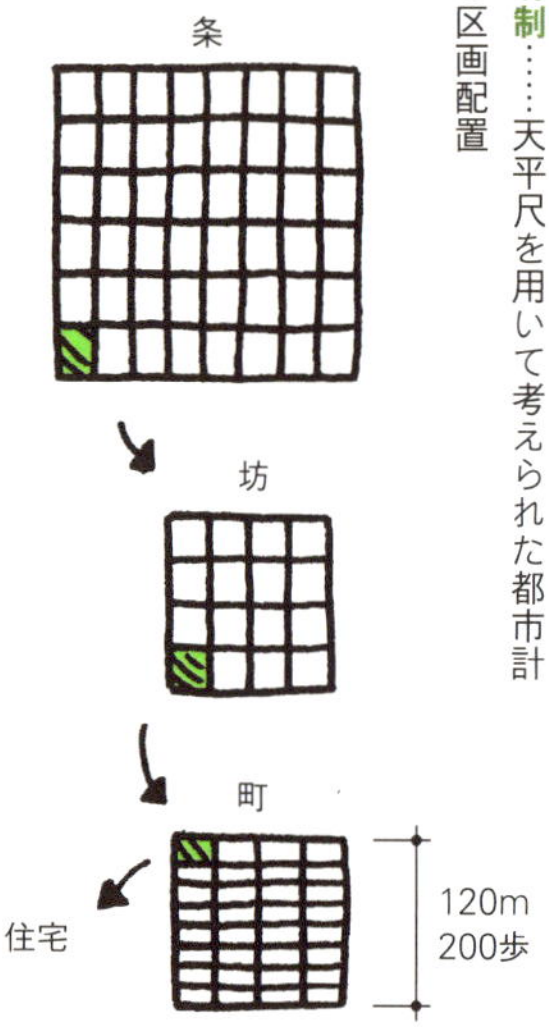

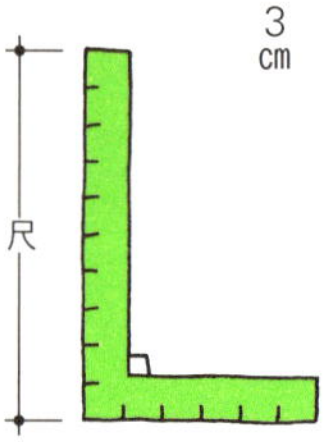

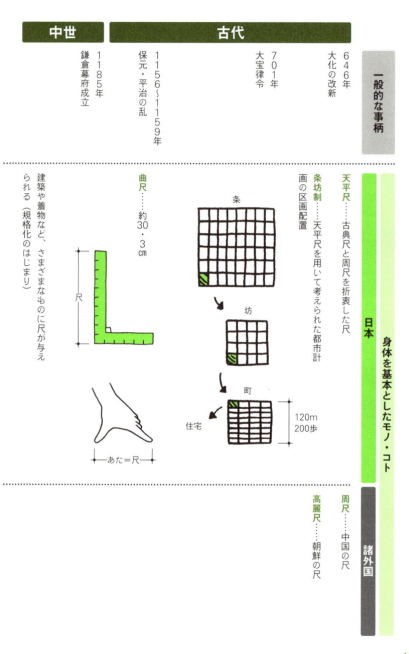

中世

1338年 室町幕府成立

1543年 鉄砲伝来

鯨尺……約37・8㎝。着物。曲尺一尺二寸五分。布をたっぷりと使うようになり曲尺よりも長い寸法となった

文尺……約24・2㎝。足袋。曲尺八寸。一文銭の径と同じことからその名がつけられた

鷹尺……約34・8㎝。甲冑。曲尺一尺一寸五分。動きやすく、かつ体型に合うように考えられた

待庵……1492年。二畳の空間からなる最小限の茶室

ウィトルウィウス的人体図……レオナルド・ダ・ヴィンチが1485〜1490年に描いたドローイング。ウィトルウィウスが提唱した新たな人体比率を自分の観察も加え、完成させた

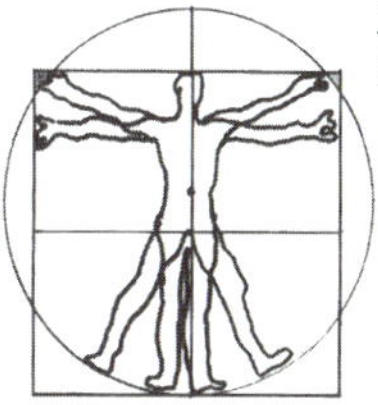

シャンボール城……1547年。レオナルド・ド・ダヴィンチは、この城の二重らせん階段の設計を関わったといわれている。上る人と下る人が出会わないように考えられている

近世

一般的な事柄

1549年
キリスト教伝来

1582年
太閤検地

1590年
豊臣秀吉の全国統一

1600年
関ヶ原の戦い

1603年
江戸幕府成立

1633年
鎖国令

身体を基本としたモノ・コト

日本

升（京升）……一合の10倍＝一升を基準としたます。両手で米を掬う＝一合。片手＝一勺

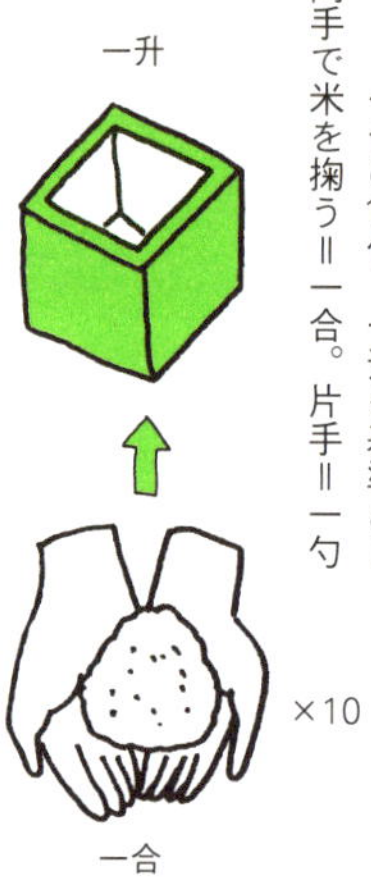

畳……京間＝六尺三寸（畳割）。
江戸間＝六尺（柱割）

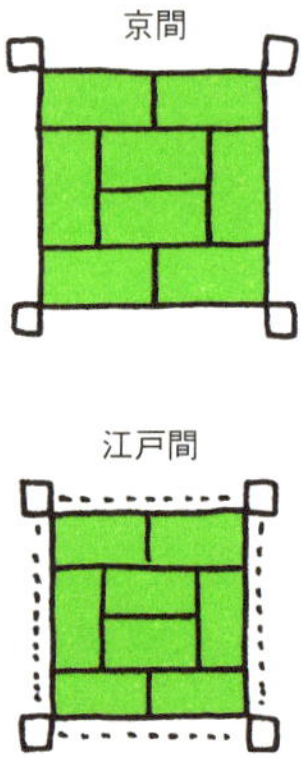

匠明……1608年。平内正信《へいのうちまさのぶ》によりまとめられた現存する最古の木割書。建築の各部分の寸法や組み合わせを比例によって定めている。柱の太さを基準にし、その他の部材の寸

諸外国

発展途上にある土地では身体尺が根強く残っている

台湾……唯一の尺度として身体尺が使われていた

ピグミー族（アフリカ）……身長の低い特徴を持つ民族。ピグミーとは肘から拳までの長さのことをいう

近世

1657年
明暦の大火

1867年
江戸幕府が終わる

近代

文明開花
西洋の文化が入ってくる

1923年
関東大震災

1939〜1945年
第二次世界大戦

法や間隔をどういう割合にするかを記した

日本地図……伊能忠敬は1800〜1816年にかけて、全国を測量し、日本地図をつくった。歩幅は一歩が約69㎝になるよう訓練したといわれている。後に伊能は間縄をつくり、それを用いて計測するようになった

文明開化にともない、ヨーロッパのメートル法、アメリカのヤード・ポンド法が加わり、日本にもともとあった尺貫法と混同して、人々は混乱する

度量衡取締条例……1875年。長さ＝曲尺・鯨尺、体積＝升、質量＝匁に統一される

度量衡法……1891年。尺貫法とメートル法との併用となる。一尺＝10／33mと定義される

18世紀後半にメートル法がフランスで生まれる

モデュロール……ル・コルビュジェが人体の寸法と黄金比からつくった建築物の基準寸法システム。建築の工業化や生産効率に加えて、人体の寸法とを合わせて考えることで、機能面を向上させた

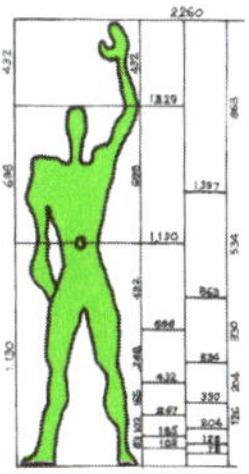

現代

一般的な事柄

1954~1973年
高度経済成長

1986~1991年
バブル景気

身体を基本としたモノ・コト

日本

戦後の尺貫法は消滅の方向に向かう

9坪ハウス……1952年。増沢洵によって設計された最小限住宅。三間×三間の平面を持ち、また構造から家具に至るまで市販に流通している材料を使用した

建築材料の規格化がはじまる
⇐
プレファブ工法の普及

51C型……1951年に計画された公営住宅標準設計の一つ。約40㎡の狭い空間に食寝分離を実現した。その後、団地間（五尺六寸）と呼ばれる畳のサイズが登場する

公営住宅51C型

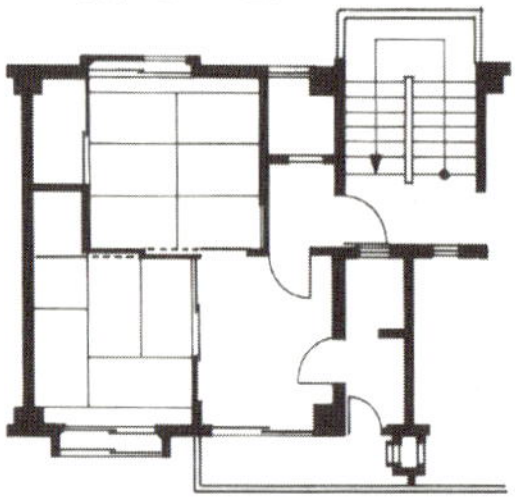

尺貫法が廃止（1959年）されて、メートル法に統一される

諸外国

イームズ自邸……1949年。2.3m区画（柱間）奥行6.1m、高さ5.2mで構成された住宅。すべて既製品によってつくられた。戦後の住宅不足を解消しようと新しい建築のあり方を示した

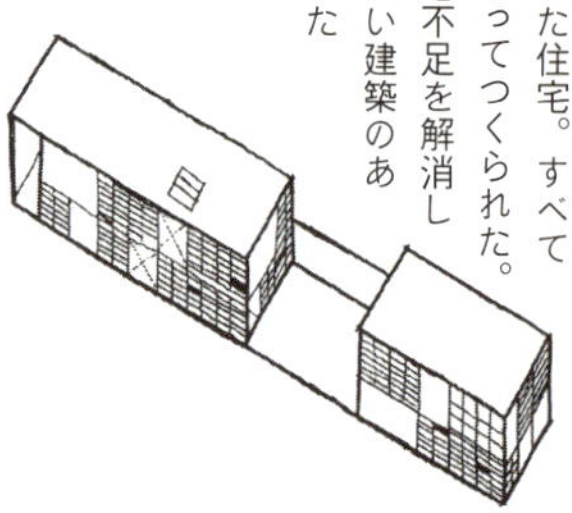

カップマルタン……1957年。コルビュジエによるモデュロールの実験小屋

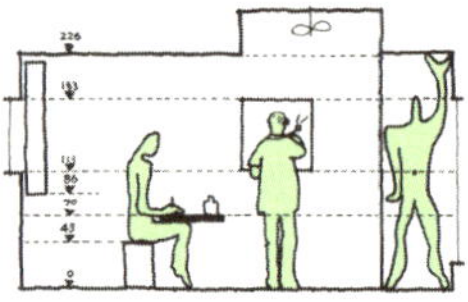

現代

1995年〜
情報通信機器がめざましい発展をとげている

スマートフォン……老若男女が片手で操作できる大きさ。5インチ程度が主流

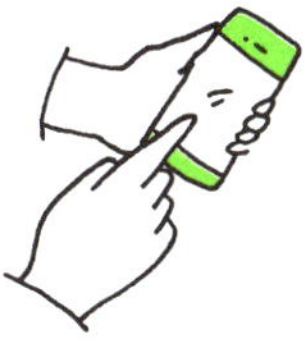

あとがき

「住まいは人間の器」といわれるように、人間が中に入って快適に生活できなければなりません。そのためには、入れるもの、すなわち人間のスケールを知らなければ住まいは設計できません。梱包する物の大きさによって、梱包する箱の大きさが決まるのと同じ理屈です。

この本は資料集成のように事細かに寸法を明示してあるわけではありません。明示した寸法は一例ですから、あくまでも読者の方々の身体尺を基本に、機器の大きさや部屋の大きさを考えながら設計をしてほしいのです。そうすれば、出入りのできない扉や、お風呂のように大きい便器を描くような間違いを避けることができるはずです。この本が少しでも、心地よく機能的なスケールの空間が設計できる手助けになれば幸いです。

中山　繁信

著者略歴

中山 繁信 なかやま・しげのぶ

法政大学大学院工学研究科建設工学修士課程修了

宮脇檀建築研究室、工学院大学伊藤ていじ研究室を経て

2000〜2010年　工学院大学建築学科教授

現在、TESS計画研究所主宰

著書　『イタリアを描く』 彰国社　2015年

『美しい風景の中の住まい学』 オーム社　2013年

『世界で一番美しい住宅デザインの教科書』 エクスナレッジ　2012年

『住まいの礼節』 学芸出版社　2005年　など多数

共著書　『窓がわかる本』 学芸出版社　2016年

『矩計図で徹底的に学ぶ住宅設計』 オーム社　2015年　など多数

傳田 剛史 でんだ・たけし

工学院大学卒業後、各川建築研究室、

南泰裕／アトリエ・アンプレックスを経て

2013年　傳田アーキテクツ 設立

片岡 菜苗子 かたおか・ななこ

日本大学大学院生産工学研究科建築工学専攻修了

現在、篠崎健一アトリエ勤務

共著書　『窓がわかる本』 学芸出版社　2016年

装幀・本文デザイン　相馬敬徳（Rafters）
イラスト　加納徳博
図版（イラスト除く）　著者による作成
図版トレース協力　林 はるか

住宅設計のプロが必ず身につける
建築のスケール感

平成 30 年 4 月 25 日　第 1 版第 1 刷発行
平成 30 年 12 月 10 日　第 1 版第 2 刷発行

著　者　中山 繁信・傳田 剛史・片岡 菜苗子
発行者　村 上 和 夫
発行所　株式会社 オーム社
郵便番号　101-8460
東京都千代田区神田錦町 3-1
電話　03(3233)0641(代表)
URL　https://www.ohmsha.co.jp/

印刷・製本　壮光舎印刷
ISBN978-4-274-22213-9　Printed in Japan